Daniela Klingler

Werte- und sinnorientierte Pädagogik in der Kita – Kinder stärken und begleiten

Frühpädagogische Konzepte praktisch umgesetzt:

Werte- und sinnorientierte Pädagogik in der Kita – Kinder stärken und begleiten

Daniela Klingler

Cornelsen

Titel
Frühpädagogische Konzepte praktisch umgesetzt
Werte- und sinnorientierte Pädagogik in der Kita – Kinder stärken und begleiten

Autorin
Daniela Klingler

Umschlagkonzept
Ungermeyer, grafische Angelegenheiten, Berlin

Umschlagmotiv
Hände © Eva Speshneva – Shutterstock.com

Innenillustration
Hände © Eva Speshneva – Shutterstock.com
Kleeblatt © CNGVahid – Shutterstock.com (S. 43, 44, 52, 60, 65)

Lektorat
Katia Simon, Essen

Satz und Layout
krauß-verlagsservice, Ederheim/Hürnheim

Druck
AZ Druck und Datentechnik GmbH, Kempten, DE

Verlag an der Ruhr
Mülheim an der Ruhr
www.verlagruhr.de

ISBN 978-3-8346-5278-2

Inhalt

1 Einführung

> *In jedem Schatz liegt ein Wert!*
> *Jeder Wert ist ein Schatz!*
> *Jedes Kind ist es wert, geschätzt zu werden!*

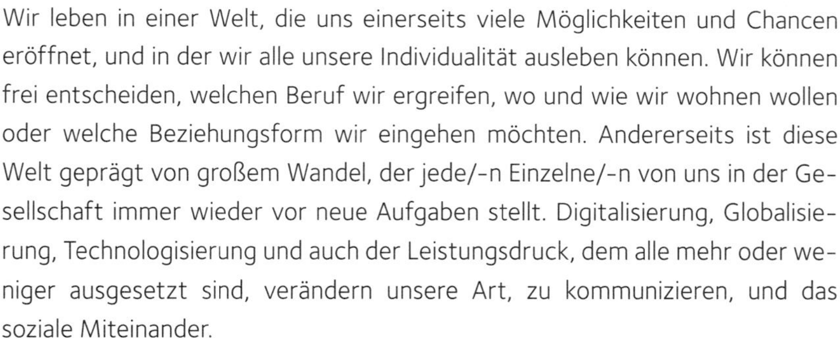

Wir leben in einer Welt, die uns einerseits viele Möglichkeiten und Chancen eröffnet, und in der wir alle unsere Individualität ausleben können. Wir können frei entscheiden, welchen Beruf wir ergreifen, wo und wie wir wohnen wollen oder welche Beziehungsform wir eingehen möchten. Andererseits ist diese Welt geprägt von großem Wandel, der jede/-n Einzelne/-n von uns in der Gesellschaft immer wieder vor neue Aufgaben stellt. Digitalisierung, Globalisierung, Technologisierung und auch der Leistungsdruck, dem alle mehr oder weniger ausgesetzt sind, verändern unsere Art, zu kommunizieren, und das soziale Miteinander.

Um das Leben selbstbestimmt zu gestalten und in Autonomie, Freiheit und Selbstverantwortung zu leben, ist es unsere Aufgabe als pädagogische Fachkräfte, Kinder von Anfang an in ihrer Persönlichkeit zu stärken und sie in ihrer psychischen Stabilität zu festigen.

Wir haben die Möglichkeit, die uns anvertrauten Kinder auf ihrem Entwicklungsweg zu begleiten. Tagtäglich begeben wir uns gemeinsam mit den Kindern auf eine wunderbare, spannende Reise, denn jedes Kind ist individuell und einzigartig. Diese Reise baut auf **Wertschätzung, Respekt und Gleichwürdigkeit** auf, berührt uns tief in unserem Innersten, macht uns neugierig und versetzt uns in Staunen. Manchmal begegnet uns Unerwartetes. Zuweilen müssen wir Herausforderungen überwinden. Es gibt Situationen, die wir mit

Humor nehmen können und in denen wir zugleich gelassen bleiben müssen. Dann sind da diese Momente, in denen unser Herz aufgeht, Begeisterung spürbar wird und es einfach nur eine tiefe Verbindung gibt – zwischen dem Kind und uns selbst.

Hier setzt die werte- und sinnorientierte Pädagogik an, die **das Kind in seiner Einmaligkeit und Einzigartigkeit mit all seinen Stärken und seiner Potenzialität** in den Fokus nimmt.

Ziel dieser Pädagogik ist es, Kinder auf ein selbstbestimmtes, gesundes und gelingendes Leben vorzubereiten. Voraussetzungen dafür sind ...

- die Stärkung des Grundvertrauens in das Da-Sein.
- der Aufbau von Beziehungsfähigkeit.
- die Stärkung des Selbstwerts.
- die Entwicklung eines Sinn- und Werteverständnisses sowie
- der verantwortliche Umgang mit der eigenen Freiheit.

Auf Basis von Werten, die einem Kind persönlich bedeutsam sind, erfährt es Sinn im Leben. Das wiederum bewirkt, dass das Kind lustvoll und eigenständig ins Handeln kommt und so zu einer starken Persönlichkeit heranwächst.

Um die Voraussetzungen zu schaffen, die Kinder für ein selbstbestimmtes Leben brauchen, bringt Ihnen dieses Buch schrittweise Aspekte der werte- und sinnorientierten Pädagogik näher.

In **Kapitel 1** wird erklärt, was wir allgemein unter Werten verstehen, wie Werte unser Leben bestimmen und was Wertebildung in der Kita meint. Werte spielen seit jeher eine Bedeutung im Leben der Menschen. Zahlreiche **psychologische und pädagogische Strömungen** befassen sich mit dem **Thema Werte**. Sowohl im Gedankengut der **Individualpsychologie** als auch im Kern der **Humanistischen Psychologie** finden sich zentrale Wertebausteine für eine positive Erziehung und Begleitung der Kinder in ihr zukünftiges Leben.

Für ein gelingendes Miteinander betonen **pädagogische Strömungen der heutigen Zeit** die Bedeutung der Werte **Gleichwürdigkeit, Integrität, Authentizität und Verantwortung.**

Kapitel 2 gibt einen Einblick in den Hintergrund, die Entstehung und das Ziel der werte- und sinnorientierten Pädagogik. Feststehende Begriffe der **Existenzanalyse** und Grundlagen der daraus entwickelten Pädagogik werden definiert. **Vier Grundmotivationen** bilden das Herzstück dieser Pädagogik. Sie zeigen auf, unter welchen Bedingungen ein Kind sein Leben voll entfalten kann. Gelingende **Beziehung und Begegnung** tragen maßgeblich zur Persönlichkeitsentwicklung der Kinder bei. Dabei verlangt es ein **phänomenologisches Verstehen**.

Kapitel 3 bietet basierend auf den Kernelementen der werte- und sinnorientierten Pädagogik **Ideen und Spielimpulse für die praktische Umsetzung** und zeigt auf, wie ein wertvolles Miteinander gelingen kann.

Der konstruktive **Umgang mit Herausforderungen und Konflikten, Feedback und Ermutigung** sowie mit **Fehlern** wird in **Kapitel 4** thematisiert. Das Thema **Langeweile** als Möglichkeit zur Förderung der Kreativität wird ebenfalls beleuchtet.

In **Kapitel 5** werden die ressourcenorientierten Konzepte **Resilienz und Salutogenese** vorgestellt und **hilfreiche Anregungen** dargestellt, wie Kinder in ihrem **Selbstkonzept**, in ihrer **Selbstwirksamkeit**, in ihrem **Selbstwert** und in ihrem **Selbstvertrauen** gestärkt werden können.

Kapitel 6 beschäftigt sich mit **Gelassenheit und Glück**, zwei Werten, die wir in unserer Arbeit als pädagogische Fachkräfte nicht aus den Augen verlieren dürfen.

Thematisch passende Bilderbücher

Abgerundet werden viele Themenbereiche in diesem Buch **mit passenden Bilderbuchempfehlungen**, denn Bilderbücher …

- spiegeln aktuelle Werte, Begriffe und Konzepte der Gesellschaft wider,
- begünstigen eine offene Begegnung mit anderen,
- fördern ein dialogisches Miteinander,
- laden dazu ein, sich über Wertvorstellungen auszutauschen,
- helfen Kindern dabei, Werte zu verstehen und zu verinnerlichen und
- geben Sinnorientierung in unserer vielschichtigen Welt.

Das untrennbare Zusammenspiel von Bild und Text macht die Besonderheit eines Bilderbuchs aus. Bilderbücher wecken die Neugier auf das, was kommt, und schaffen **Räume für Träume und Fantasien**.

Nun wünsche ich Ihnen viel Freude beim Lesen und hoffe, Sie werden die eine oder andere Idee und Inspirationen in Ihre pädagogische Arbeit aufnehmen,

Daniela Klingler

1.1 Werte prägen unser Leben

Werte begleiten und begegnen uns ein Leben lang. Der Begriff „Wert" wird in unterschiedlichsten Zusammenhängen benutzt. Wir sprechen von *wert*vollen Gegenständen, wir investieren in *Wert*anlagen, wir hören von *Werte*verfall und *Werte*wandel, wir achten auf voll*wertige* Nahrung und hüten manchmal ein Geheimnis wie einen *wert*vollen Schatz.

Der Begriff „Wert" ist beachtenswert
wertvoll, wertschätzen, bewundernswert, erhaltenswert, begrüßenswert, wünschenswert, bewerten, auswerten, überbewerten, hochwertig, wertfrei, wertlos, wertneutral ...
Wertigkeit, Idealwert, Mehrwert, Höchstwert, Erholungswert, Vermögenswert, Wertevermittlung, Werteerziehung, Wertsteigerung, Wertminderung, Wertpapier, Wertvorstellung, Wertezuwachs, Wertangabe, Wertpaket, Werteskala, Wertewandel ...
auf etwas Wert legen, etwas ist nicht der Rede wert, sich unter seinem Wert verkaufen, eigener Herd ist Goldes wert ...

1.1.1 Was verstehen wir unter Werten?

Unser gesellschaftliches Miteinander beruht auf Werten, die sich bereits in der Antike etabliert haben. Hierzu zählen u. a. Freiheit, Gleichheit und Menschlichkeit. Wir unterscheiden zwischen allgemeinen und personalen Werten:

Allgemeine Werte sind Vorstellungen, die in einer Gesellschaft als wünschenswert angesehen werden sowie **Orientierung und Halt** geben. Diese Werte sind historisch gewachsen und kulturell geprägt. Werte bilden die **Grundlage für Normen, Traditionen, Regeln, Rituale und Gesetze,** die das Zusammenleben klären. Es gibt moralische (Aufrichtigkeit, Treue), religiöse (Nächstenliebe, Friede), politische (Toleranz, Freiheit), ästhetische (Schönheit, Kunst) und materielle Werte (Wohlstand, Besitz). Werte unterliegen stets einem Wandel, einerseits durch gesellschaftliche Veränderungen, wie z. B. wirtschaftliche und technologische Entwicklungen, andererseits durch veränderte individuelle Wertorientierungen und -vorstellungen.

Personale Werte sind jene Werte, von denen wir gefühlsmäßig berührt und angesprochen werden. Personale Werte verursachen bei uns **Herzklopfen**, lassen **Schmetterlinge im Bauch** tanzen und bewegen uns dazu, **aktiv zu werden**. Personale Werte sind Überzeugungen, die der Mensch für sich als gut oder erstrebenswert erachtet. Sie sind das Fundament seines Weltbildes. Personale Werte werden von jedem einzelnen Menschen selbst gewählt, bringen Orientierung und Sinnerfüllung (vgl. Waibel, 2017, S. 72/73).

1.1.2 Wertebildung in der Kita

Wertebildung spielt in der Kita eine große Rolle und ist in den **Bildungsplänen** der einzelnen Bundesländer abgebildet. Kinder brauchen Werte, an denen sie sich orientieren können und die ihnen **Sicherheit** in der Alltagsstruktur und im Zusammenleben geben.

Wertevermittlung geschieht in der **Interaktion** miteinander. Eine Kita-Gruppe ist eine **Wertegemeinschaft.** Vielfältige Wertvorstellungen treffen aufeinander und müssen abgestimmt werden. Im sozialen Handeln lernen die Kinder **Achtsamkeit und Einfühlungsvermögen** und üben sich in **demokratischen Handlungsweisen**.

Gemeinsame Werte und die daraus festgelegten Regeln in einer Kita-Gruppe sind handlungsleitend im pädagogischen Alltag. Da wir als pädagogische Fachkräfte eine **Vorbild- und Modellfunktion** einnehmen, müssen wir uns mit unseren eigenen Wertvorstellungen auseinandersetzen und diese immer wieder **reflektieren**:

- Welche Werte waren unseren Eltern wichtig und wie prägten sie unsere Kindheit?
- Wie wurde sanktioniert?
- Wie viele Rechte wurden uns in der Kindheit zugestanden?
- Welche Werte sind uns heute wichtig? Welche Lebenserfahrungen haben dazu geführt?

- Welche Wertvorstellungen beeinflussen heute unser Erziehungshandeln?
- Welche Werte sind uns heute in der pädagogischen Arbeit wichtig?

Kinder beobachten uns sehr gut und nehmen wahr, wie wir uns verhalten, wie wir handeln, und ahmen unser Tun nach.

Wiederkehrende **Rituale und Traditionen** innerhalb der Kindergruppe vermitteln implizit Werte, tragen zur Wertebildung bei und geben Sicherheit und Verlässlichkeit. Wir können auch gemeinsam mit den Kindern über Werte sprechen und **philosophieren**. Das gemeinsame Aushandeln von Gruppenregeln öffnet den Blick auf die Werte und das Nachdenken über die Werte, die hinter den Vereinbarungen stehen. **Grundwerte**, die in Konzeptionen der Bildungseinrichtungen verankert sein sollten, sind: Demokratie, Humanität, Frieden, Gerechtigkeit, Solidarität, Offenheit und Toleranz gegenüber der kulturellen Vielfalt. Sehen wir uns in der Kindergruppe um, so entdecken wir **eine Vielfalt an unterschiedlichen Persönlichkeiten**. Ein gerechtes, partnerschaftliches und gewaltfreies Zusammenleben ermöglicht die Entfaltung und Freiheit jedes einzelnen Kindes. Die Kinder erleben sich als wertvolles Mitglied in der Gemeinschaft.

1.2 Werte in Psychologie und Pädagogik

Im Laufe unseres Lebens ändern sich unsere Wertvorstellungen, dies beruht auf „Veränderungen der Lebensumstände, der Ausweitung des Wissens und dem Wandel von Weltanschauungen" (Dudenredaktion, 2019, S. 2014). Unser pädagogisches Verhalten und Handeln wird überdies durch die Auseinandersetzung mit verschiedenen psychologischen und pädagogischen Werteansätzen geprägt. Ausgewählte Konzepte werde ich im Folgenden kurz vorstellen.

1.2.1 Werte in der Individualpsychologie

Die Individualpsychologie betrachtet den Menschen als Einheit von Körper, Geist und Seele. **Alfred Adler** (1870–1937) gilt als Begründer der Individualpsychologie. Er sieht den Menschen als ganzheitliche, zielgerichtete Persönlichkeit. Der Mensch ist ein Gemeinschaftswesen. Entscheidende Werte sind **Mut und Vertrauen in sich selbst** sowie **das Einfühlen in den Mitmenschen.**

Adler nennt vier entscheidende Bedürfnisse des Menschen:

- **Das Bedürfnis, dazuzugehören und sich geliebt zu fühlen**
  Ich bin liebenswert und ein Teil der Gemeinschaft.
- **Das Bedürfnis, zu wachsen, zu lernen und etwas zu erreichen**
  Ich kann etwas und kann dazulernen.
- **Das Bedürfnis nach Bedeutung, Wertschätzung und Respekt**
  Ich bin eine eigenständige Persönlichkeit.
- **Das Bedürfnis nach Ermutigung und Sicherheit**
  Mit dem, was kommt, werde ich fertig. Ich kann mir Hilfe holen.

(Vgl. Hennings, 2014, S. 19)

Für **Rudolf Dreikurs** (1897–1972), einen Schüler Alfred Adlers, ist der Mensch ein soziales Wesen, das das **Gefühl der Zugehörigkeit** mehr als alles andere benötigt. Kinder suchen nach Bedeutung und Anerkennung im sozialen Miteinander. Hierbei kommt der **Ermutigung** ein bedeutender Stellenwert zu.

Im Mittelpunkt des Erziehungsansatzes nach Adler und Dreikurs stehen der **gegenseitige Respekt und die Gemeinschaft sowie die Erziehung der Kinder zu Selbstständigkeit, Verantwortung und Mut.**

1.2.2 Werte in der humanistischen Psychologie

Die humanistische Psychologie sieht den Menschen als aktives Wesen, das bestrebt ist, seine eigenen Fähigkeiten und Möglichkeiten selbst zu **entfalten** und zu **verwirklichen**.

Carl Rogers (1902–1987), ein US-amerikanischer Psychologe und Psychotherapeut, betont das positive Selbstkonzept des Menschen und entwickelte den personenzentrierten Ansatz in der Gesprächsführung.

Darin sind **drei Grundhaltungen** (Werte) Ausdruck einer professionellen Haltung:

- **Echtheit/Kongruenz** meint, dass der Mensch sich nicht hinter Fassaden, Rollen oder Floskeln verstecken muss. Er soll sich durchschaubar, authentisch und offenherzig zeigen. Sich zu verstellen, führt zu Verunsicherung, Missverständnissen und Konflikten. Verbale und nonverbale Signale müssen übereinstimmen, damit sie richtig gedeutet werden. Der Mensch darf seine Gefühle akzeptieren und auch äußern. Durch eine echte Haltung dem Kind gegenüber erfährt es Vertrauen und ist bereit, ebenso seine Gefühle zu zeigen (vgl. Rogers, 2010, S. 30/31).
- **Empathie** ist das Einfühlen in die Erlebnis- und Gefühlsweltwelt einer anderen Person. Jemand versucht, die innere Welt des Gegenübers, seine Erlebnisse und Gefühle sowie dessen persönliche Bedeutung präzise und sensibel wahrzunehmen. Empathie zeigen wir als pädagogische Fachkräfte, wenn wir aktiv zuhören und uns auf das wirklich Gemeinte und nicht nur das Gesagte konzentrieren. In diesem Moment tauchen wir in die innere Welt des Kindes ein. Ein Kind, das sich verstanden fühlt, wird sich mehr und mehr öffnen (vgl. Rogers, 2010, S. 23/24).
- **Wertschätzung** heißt, jedem Menschen echte und tiefe Zuwendung, frei von jeglicher Bewertung und Beurteilung, entgegenzubringen. Ein Kind muss in seiner Einzigartigkeit wahrgenommen, akzeptiert und bedingungslos angenommen werden. Wir wenden uns dem Kind respektvoll zu und schätzen es vorurteilslos wert. Dies meint aber nicht, dass wir alles gutheißen, was das Kind tut oder sagt (vgl. Rogers, 2010, S. 27/28).

1.2.3 Werte in der Existenzanalyse

Viktor Frankl (1905–1997), ein österreichischer Neurologe und Psychiater, begründete die **Existenzanalyse**. Die therapeutische Methode der Existenzanalyse ist die **Logotherapie**.

Frankl selbst überlebte das Konzentrationslager Auschwitz. Er arbeitete als Therapeut mit unglücklichen, neurotisch kranken und verzweifelten Menschen, denen meist eine **Perspektive für ein erfülltes Leben** fehlte. Frankl sah seine Aufgabe darin, den Menschen bei der **Suche nach eigenen Werten und Sinn** in ihrem Leben zu helfen. Wenn sich Menschen an Werten orientieren, die ihnen wichtig sind, werden sie aktiv und führen ein Leben in **Freiheit und Verantwortlichkeit** (vgl. Frankl, 2005, S. 143).

Frankls Auffassung nach trägt jeder Mensch ein dreidimensionales Menschenbild in sich, bestehend aus der **physischen** (körperlichen), der **psychischen** (emotionalen) und der **geistigen Dimension**.

Die physische Dimension ist der materielle Teil des Menschen, seine Körperteile und physiologischen Körperfunktionen. Die psychische Dimension umfasst die Gedanken, Triebe und Emotionen. Die geistige Dimension macht den Menschen einmalig auf dieser Welt und ermöglicht ihm, nach Sinn (altgriechisch: *Logos*) im Leben zu streben.

Der Mensch will wissen, wozu er auf der Welt ist. Er braucht **Werte**, die er zuerst für sich erkennen muss, um ihnen dann zu folgen. **Werte sind Schätze im Leben.** Sie machen das Leben sinnvoll und lebenswert.

Frankl teilt die Werte in drei Kategorien ein:

- **Schöpferische Werte:** Der Mensch wird tätig und schafft ein Werk.
- **Erlebniswerte:** Der Mensch wird aktiv und erlebt etwas.
- **Einstellungswerte:** Der Mensch erfährt ein sinnvolles Leben, weil er durch seine Einstellung und Haltung Schicksalsschläge abfangen kann.

Weitere Informationen zu Frankls Wertekategorien beinhaltet Kapitel 2 „Grundlagen einer werte- und sinnorientierten Pädagogik“ (siehe S. 19 f.).

Begriffserklärung: Existenzielle Pädagogik

Themen der Existenzanalyse und der Logotherapie bilden die Grundlage der **Existenziellen Pädagogik.** Für eine bessere Verständlichkeit wird in diesem Buch jedoch der Begriff der **werte- und sinnorientierten Pädagogik** verwendet.

1.2.4 Werte in der gegenwärtigen Pädagogik

Einen Vertreter der gegenwärtigen Pädagogik möchte ich besonders hervorheben. **Jesper Juul** (1948–2019), ein dänischer Familientherapeut und Lehrer, orientierte sich in seiner Arbeit am humanistischen Menschenbild nach Carl Rogers, verknüpft mit Werten für wertschätzende Beziehungen. Eines seiner Bücher trägt den Titel „4 Werte, die Kinder ein Leben lang tragen" (Juul, 2019). Diese Werte sind Gleichwürdigkeit, Integrität, Authentizität, und Verantwortung:

- **Gleichwürdigkeit** ist ein entscheidendes Qualitätsmerkmal zwischenmenschlicher Beziehungen. Der Begriff ist eine Kombination aus Gleichheit und Würde. Jeder Mensch, egal welchen Alters, ist von gleichem Wert. Persönliche Würde wird gegenseitig respektiert. Unsere Aufgabe ist es, Kinder als Subjekte mit all ihren Gedanken, Reaktionen, Gefühlen und Träumen wahrzunehmen. In einer gleichwürdigen Beziehung nehmen wir die Kinder genauso ernst wie uns selbst. Gleichwürdigkeit bedeutet nicht, dass Kinder gleichberechtigt sind oder grenzenlose Freiheit leben dürfen. Erwachsene und Kinder haben unterschiedliche Rechte und Pflichten. Erwachsene verfügen über mehr Lebenserfahrung und müssen für wichtige, weitreichende Entscheidungen die Verantwortung tragen. Kindern wird jedoch persönliche Verantwortung zugestanden. Kinder brauchen Grenzen, an denen sie sich orientieren können. Gleichwürdigkeit respektiert die Werte anderer, auch wenn diese nicht den eigenen Werten entsprechen (vgl. Juul, 2019, S. 10/11).
- **Integrität** heißt, Verhalten und Handeln stimmen mit den eigenen Werten überein. Der Mensch kann Ja zu sich selbst sagen und traut sich, Nein zu sagen, wenn Wünsche anderer nicht seinen eigenen entsprechen. Das kann zu Konflikten führen. Ein gemeinsames Leben wird nie konfliktfrei ablaufen. Erwachsene vermitteln Kindern, wie man seine Grenzen wahrnimmt, kommuniziert und schützt. Entscheidend ist, dass entstehende Konflikte unter Wahrung der Würde gelöst werden. Die Integrität eines Kindes zu verletzen, passiert oft unbeabsichtigt. Wird ein Kind gekränkt oder gedemütigt, schadet das langfristig der seelischen Gesundheit des Kindes (vgl. Juul, 2019, S 42/43).

- **Authentizität** bedeutet, so sein zu dürfen, wie man wirklich ist. Authentische Personen zeigen sich mit ihren Stärken und Schwächen und mit ihren Fehlern. Sie dürfen sagen, was sie fühlen, und werden damit ernst genommen. Sie müssen in keine Rolle schlüpfen und diese spielen. Darf jemand so sein, wie er ist, dann ist es auch möglich, andere in ihrer Einmaligkeit wahrzunehmen. Erwachsene sind Vorbilder für Kinder, wenn sie *echt* in ihren Reaktionen und Handlungen sind. Sie sollen ehrlich zeigen, was gefällt und was nicht (vgl. Juul, 2019, S. 84/85).
- **Verantwortung** für eine gelingende, qualitätsvolle Beziehung liegt stets bei den Erwachsenen (Eltern, pädagogischen Fachkräfte), nie beim Kind selbst. Kinder möchten ernst genommen und wertschätzend behandelt werden. Darüber hinaus wollen sie über sich selbst bestimmen können. Kinder sollen und dürfen einen sinnvollen Einsatz für die Gemeinschaft leisten, der im Bereich ihrer Kompetenzen liegt. Eigenverantwortung tragen sowohl Erwachsene als auch Kinder für das eigene Verhalten, die Gefühle, die Reaktionen und die eigenen Werte. Verantwortung zu übernehmen, heißt außerdem, Fehler einzugestehen (vgl. Juul, 2019, S. 130/131).

2 Grundlagen einer werte- und sinnorientierten Pädagogik

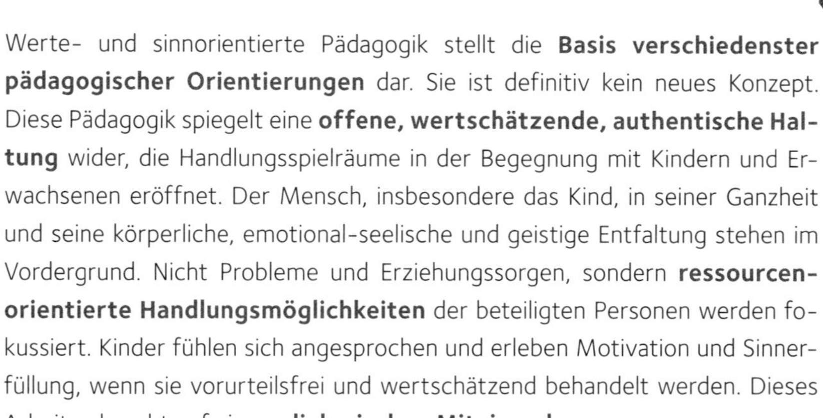

Werte- und sinnorientierte Pädagogik stellt die **Basis verschiedenster pädagogischer Orientierungen** dar. Sie ist definitiv kein neues Konzept. Diese Pädagogik spiegelt eine **offene, wertschätzende, authentische Haltung** wider, die Handlungsspielräume in der Begegnung mit Kindern und Erwachsenen eröffnet. Der Mensch, insbesondere das Kind, in seiner Ganzheit und seine körperliche, emotional-seelische und geistige Entfaltung stehen im Vordergrund. Nicht Probleme und Erziehungssorgen, sondern **ressourcenorientierte Handlungsmöglichkeiten** der beteiligten Personen werden fokussiert. Kinder fühlen sich angesprochen und erleben Motivation und Sinnerfüllung, wenn sie vorurteilsfrei und wertschätzend behandelt werden. Dieses Arbeiten beruht auf einem **dialogischen Miteinander.**

Die Intention, sich mit dieser Pädagogik zu beschäftigen, ist es, **Kinder zu einem selbstbestimmten, eigenständigen und sinnerfüllten Leben zu befähigen.**

Dazu braucht es Gelingensfaktoren, damit sich Kinder sicher und geborgen fühlen, wertvolle Beziehungen erleben und sinnvolles Tun erfahren können.

Wir pädagogischen Fachkräfte stellen uns folgende Fragen:

- Wie können wir Kinder unterstützen, ihr Leben sinnvoll zu gestalten?
- Was bedeutet sinnstiftendes Lernen bereits in der Kita?
- Was benötigt das einzelne Kind in der gegenwärtigen Situation?

Mit Kindern in der Kita zu arbeiten, geschieht **im Hier und Jetzt** und bringt immer wieder Neues, Überraschendes, Anstrengendes und Herausforderndes. Der Grundstein werte- und sinnorientierter Pädagogik, umgesetzt in der pädagogischen Praxis, eröffnet neue Sicht- und Denkweisen, an denen wir Erwachsenen und die uns anvertrauten Kinder wachsen können. **Die Person des Kindes** und **die Person der pädagogischen Fachkraft** stehen im Mittelpunkt. Der Blick auf Werte und Sinn und die Reflexion darüber schaffen Klarheit und Sicherheit für das eigene pädagogische Handeln auch in herausfordernden Situationen. Eine offene, optimistische, neugierige Haltung lässt uns kreativ, mutig, achtsam und aufgeschlossen sein (vgl. Waibel & Wurzrainer, 2016, S. 14).

Um **Werte- und Sinnorientierung aus existenzieller Sicht** zu begreifen und ein tiefes Verständnis dafür zu entwickeln, müssen bestimmte Begrifflichkeiten, die dieser Pädagogik zugrunde liegen und sie besonders machen, im Vorfeld geklärt werden. Hierzu zählen:

- Die Person – der Wesenskern des Menschen
- Die Potenzialität im Menschen
- Die personalen Werte
- Der Sinn und die Sinnerfassung
- Der Wille zum Sinn
- Die Grundmotivationen für ein sinnvolles Leben
- Beziehung und personale Begegnung
- Das Phänomenologische Verstehen

2.1 Die Person – der Wesenskern des Menschen

Der *Begriff* „Person" aus existenzanalytischer Sicht ist nicht gleichzusetzen mit dem *Wort* „Person" im allgemeinen Sprachgebrauch.

Person in der **Alltagssprache** meint einen Menschen in seiner äußeren Erscheinungsform. Man sagt z. B. „Diese Person kann ich nicht leiden.“ Oder: „Der Aufzug ist für sechs Personen zugelassen.“

Person in der **Existenzanalyse** stellt den Wesenskern des Menschen dar. Es ist die **geistige Dimension** in uns, die uns ausmacht.

Die geistige Dimension im Menschen bildet seine Person ab und …

- macht ihn auf der Welt unverwechselbar und einzigartig,
- zeigt ihn in seiner Echtheit,
- stellt sein tiefes, inneres Wesen dar,
- gestaltet sein Leben und entwickelt Lebenspläne,
- fragt nach einem Sinn und
- übernimmt Freiheit und Verantwortung.

In dieser Dimension finden sich ebenso das Gewissen und die Gefühle wieder. Die Person ist nicht direkt sichtbar, wird aber in ihren Handlungen deutlich (vgl. Waibel, 2017, S. 38–41). Die weiteren Dimensionen nach Viktor Frankl sind, wie bereits im Kapitel 1 „Einführung“ (siehe S. 7 f.) erklärt, die körperliche und die psychische Dimension.

Werte- und sinnorientierte Pädagogik zielt darauf ab, das Kind **in seiner inneren Person, seiner Ganzheitlichkeit, seiner Emotionalität und in seinen Handlungen** zu unterstützen und zu begleiten. Dabei wird das Kind als **Subjekt** wahr- und ernst genommen (vgl. Waibel & Wurzrainer, 2016, S. 20/21).

Was macht die Person in uns aus? Vier Merkmale kennzeichnen die Person in uns: **Freiheit, Verantwortung, Selbstdistanzierung und Selbsttranszendenz:**

Merkmal der Person: Freiheit

Im Leben ist der Mensch mit Herausforderungen und Entscheidungen konfrontiert. Er muss sich damit eigenverantwortlich, im Rahmen seiner Möglichkeiten, auseinandersetzen. Der Mensch hat jedoch die **Freiheit**, **sich so oder anders zu entscheiden.** Das liegt im Gestaltungsfreiraum des eigenen Lebens. „Der Mensch ist […] nicht frei *von* Bedingtheiten, sondern frei sich

gegenüber Bedingtheiten so oder so zu verhalten. [...] Der Mensch ist also nicht frei *von* etwas, sondern *gegenüber* etwas." (Waibel, 2017, S. 45)

Freiheit in der Kita-Praxis

Im Tagesverlauf nehmen wir unterschiedliche Rollen ein. Wir sind Kollegin/ Kollege, Mitarbeiter/-in, Begleiter/-in und Betreuer/-in der Kinder. Wir erleben unterschiedliche Situationen und können den konkreten Situationen bewusst gegenübertreten. Wir haben die Möglichkeit, Stellung zu nehmen und **frei** zu entscheiden.

- Was ist bedeutungsvoll?
- Was spricht uns an?
- Worauf legen wir besonders viel Wert?
- Was nehmen wir wahr?
- Was halten wir von dieser Situation?
- Wie geht es uns dabei?
- Welche Handlungsmöglichkeiten ergeben sich?
- Für welche Handlungsmöglichkeit entscheiden wir uns?

Durch diese **innere Freiheit, Stellung zu nehmen**, wird es möglich, uns in der Arbeit zu entfalten. Wir sind zwar in der Funktion als Pädagogin/ Pädagoge tätig, gestalten dennoch individuell und persönlich. Durch das Bewusstsein, dass wir entscheiden können, sind wir uns selbst gegenüber achtsam, nehmen unsere Gefühle ernst und sind im Dialog mit uns selbst. Dadurch sind wir als **Person** authentisch. Wir vermitteln den Kindern Klarheit, Echtheit und damit Verlässlichkeit.

Auch Kinder haben die Freiheit, zu entscheiden. Sie können ein Spielangebot annehmen oder nicht, sie können ihre Spielpartnerinnen und Spielpartner frei wählen, sie können ihre eigenen Interessen vertreten oder nicht. **Offenes Arbeiten** in der Kita bietet den Kindern viele Möglichkeiten der Beteiligung. Bringen die Kinder Ideen ein, erleben sie sich als wirksam und als gleichwürdige Partnerinnen und Partner. Sie sind ein wesentlicher Teil der Gruppe. Sie dürfen mitgestalten und übernehmen dafür Verantwortung.

Merkmal der Person: Verantwortung

Der Mensch kann in Freiheit Entscheidungen treffen, muss dafür aber auch **Verantwortung übernehmen.** Verantwortung im existenziellen Sinn kann nur für sich selbst übernommen werden, nicht für jemand anderen, der selbst dazu fähig wäre (vgl. Waibel, 2017, S. 49). Wir Menschen übernehmen Verantwortung für Entscheidungen, weil wir dahinter den Sinn und Wert erkennen.

Verantwortung in der Kita-Praxis

Wir unterstützen Kinder darin, ihren Weg im Leben zu finden, indem wir sie in ihrer eigenen Verantwortung selbst Antworten finden lassen. Ziel ist es, Kinder zu einem sinnerfüllten, selbstbestimmten Leben zu verhelfen.

Wir beziehen jedes Kind aktiv in die Gestaltung des pädagogischen Alltags ein und stellen ihm folgende Fragen:

- Was hältst du davon?
- Was sagst du dazu?
- Können wir das so machen?
- Findest du das richtig?

Dadurch wird das Kind aufgefordert, immer wieder zu seinem Handeln Stellung zu nehmen. Wollen wir Kinder zur Übernahme von Verantwortung führen, so müssen wir ihnen **die Freiheit der Entscheidung** lassen. Das benötigt Übung. Hier können Kinder unterstützt werden, indem wir ihnen **Wahlmöglichkeiten** z. B. im Freispiel, durch das Angebot der gleitenden Zwischenmahlzeit, durch gemeinsame Planung und Organisation von Projekten etc. anbieten.

Merkmal der Person: Selbstdistanzierung

Selbstdistanzierung ist das Merkmal, das den Menschen dazu befähigt, sich von außen zu betrachten und zu reflektieren. Wir Menschen können geistig aus uns selbst heraustreten, uns gegenübertreten und uns von unseren Emotionen distanzieren. Wesentliche Wege zur Selbstdistanzierung sind innere Zwiegespräche, Lachen, Humor und Reflexion.

Selbstdistanzierung in der Kita-Praxis

Als Pädagoginnen bzw. Pädagogen ermöglicht uns die Selbstdistanzierung, dass wir das eigene pädagogische Handeln immer wieder reflektieren können. Durch bewusstes Zurücktreten und Distanzieren von einer herausfordernden Situation können wir das Geschehen mit Abstand betrachten und neue Perspektiven und Sichtweisen einnehmen.

Wir stellen uns die Frage: Was wäre dem Kind/den Eltern/der Kollegin bzw. dem Kollegen/mir selbst jetzt wichtig?

Ein Beispiel für Selbstdistanzierung: Ein Kind, das sehr ängstlich ist, lernt, mit seiner Angst umzugehen, in dem es in seiner Fantasie die Angst in einen Kasten einsperrt.

Merkmal der Person: Selbsttranszendenz
Selbsttranszendenz ist die Fähigkeit des Menschen, sich voll und ganz auf eine Sache oder eine Begegnung einzulassen. Das gelingt uns Menschen, wenn wir von etwas oder jemandem begeistert sind.

Selbsttranszendenz in der Kita-Praxis

Wir lassen uns auf Neues ein, da es uns sinnvoll erscheint. Wir verwirklichen Werte, die für uns bedeutend sind. Das bereichert unser Leben. Wir können uns entfalten. Gleichzeitig können wir *wir* selbst sein!

Kinder, die beim Spielen mit Stecksteinen Raum und Zeit vergessen und selbstverloren in dieser Tätigkeit aufgehen, zeigen diese Fähigkeit.

2.2 Die Potenzialität im Menschen

Potenziale sind Möglichkeiten der Entwicklung und Entfaltung in der Person des Menschen, die noch nicht verwirklicht wurden.

Werte- und sinnorientierte Pädagogik legt den Fokus darauf, die Potenzialität des Kindes zu aktivieren und zu stärken. Die Gesamtheit der Möglichkeiten zur

eigenen Entwicklung, die noch nicht ausgeschöpft sind, muss erkannt und sichtbar gemacht werden. Das gelingt nur mit einer Haltung der Offenheit der Person des Kindes gegenüber (vgl. Waibel & Wurzrainer, 2016, S. 26).

An folgendem Beispiel möchte ich Ihnen verdeutlichen, wie sich Potenziale beim Kind zeigen können. Potenziale entfalten sich nicht von einer Minute auf die andere, sondern entwickeln sich in einem Prozess. Das **Auf und Ab des Gelingens** stellt für die Potenzialentwicklung einen wichtigen Aspekt dar.

Beispiel Martin

Martin, 4 Jahre, baut seit Tagen mit Holzklötzen Bauwerke. Am Montag gelingt es ihm ohne Mühe, eine hohe Turmmauer, die stabil steht, zu konstruieren. Am Dienstag versucht er das Gleiche noch einmal, doch er schafft es nicht. Er wird ungeduldig und gibt schließlich auf. Am Freitag ist er abermals mit den Holzklötzen beschäftigt. Stolz zeigt er ein neues von ihm erbautes Gebäude, das sicher und fest am Boden steht und Erschütterungen standhält.

Unsere Aufgabe als pädagogische Fachkraft ist es, Martins Handeln genau zu beobachten. Wir richten unseren Blick und unsere Aufmerksamkeit auf die ***positiven Entwicklungsschritte.*** *Wir versuchen, die* ***individuellen Unterschiede*** *zu sehen, die in Martin stecken, auch wenn sie noch so klein sind. Wir erhalten einen Zugang zu den Ressourcen und Kompetenzen, wenn wir ganz bewusst der Frage nachgehen: Was hat Martin anders gemacht, dass ihm das so gut gelungen ist?*

Wir fragen Martin: „Wie hast du das geschafft?"

Potenziale entdecken in der Kita-Praxis

Kinder leben ihre Begabungen, personalen Werte und Interessen in der Kita aus. Beobachten wir bei Kindern, was sie anspricht und was sie gerne machen. Hören wir auf alle Äußerungen der Kinder. Manche davon sind reiflich überlegt, manche sind schnell dahingesagt. Die Aufmerksamkeit, die wir

den Kindern widmen, ist für die Kinder spürbar. Sie nehmen sich als selbstwirksam wahr und erfahren ihr Tun als sinnvoll.

Gibt es in der Kita ein Kind, das sich schwer allein beschäftigen kann? Dann setzen wir die potenzialfokussierte Brille auf und beobachten das Kind und sein Handeln ganz spezifisch:

- Wann gelingt es dem Kind besser, sich allein zu beschäftigen?
- Was ist in diesem Augenblick konkret anders?

Halten wir die positiven Unterschiede hinsichtlich des Allein-Spielens fest, dadurch erweitert sich der Handlungsspielraum. Mehr Unterschiede bedeuten mehr Optionen und Maßnahmen, um die Entwicklung und Entfaltung positiv zu beeinflussen (vgl. Lueger & Krämer, 2016, S. 14–17).

Potenzialfokussierung ist mehr als Ressourcenorientierung
Nicht nur Fähigkeiten, die bereits vorhanden sind, werden gestärkt, sondern auch nicht ausgeschöpfte Möglichkeiten werden in den Blick genommen. Das, was gelingt, ist Mittelpunkt des pädagogischen Handelns. In der Potenzialität liegt **die innere Antriebs- und Selbstgestaltungskraft** des Menschen und zeigt die **Veränderungsfähigkeit der Person** auf (vgl. Waibel & Wurzrainer, 2016, S. 25).

2.3 Personale Werte

Personale Werte berühren den Menschen in seiner Person. Der Mensch ist nicht auf der Suche nach Werten, sondern wird von Werten angezogen, weil sie ihn innerlich berühren und Leidenschaft in ihm wecken. Der Mensch spürt und lebt Begeisterung für eine Sache, die unter die Haut geht. Personale Werte stehen in enger Beziehung zu den Emotionen. Sie sind sinnvoll und treiben den Menschen zum Handeln an. Personale Werte geben Orientierung, lassen uns in unserer Persönlichkeit wachsen und geben unserem Leben Sinn. **Personale Werte sind immer subjektiv.** Sie beziehen sich auf **die jeweilige Person** und auf **die jeweilige Situation** (vgl. Waibel, 2017, S. 73–77).

Viktor Frankls Wertekategorien

Viktor Frankls Wertekategorien stellen wesentliche Wege zur persönlichen Sinnfindung dar und nehmen in der werte- und sinnorientierten Pädagogik eine zentrale Stellung ein:

- **Schöpferische Werte**
  Wir verwirklichen schöpferische Werte, wenn wir Ideen umsetzen, kreativ und aktiv etwas gestalten und schaffen.
- **Erlebniswerte**
  Unser eigenes Erleben steht im Vordergrund, wir nehmen Anteil an der Welt, an etwas Schönem, wir genießen die Natur, gehen wandern, erfreuen uns an der blühenden Sommerwiese, treffen gute Freund/-innen oder führen angenehme Gespräche.
- **Einstellungswerte**
  Hier geht es um unsere innere Einstellung, unsere Haltung zu Dingen oder Ereignissen, die wir nicht beeinflussen können. Wir können jedoch in diesen Momenten frei wählen, wie wir mit dem Schicksal umgehen (vgl. Waibel, 2017, S. 76–79).

BUCHEMPFEHLUNG

Viktor E. Frankl
... trotzdem Ja zum Leben sagen. Ein Psychologe erlebt das Konzentrationslager
Kösel-Verlag, 9. Auflage 2009
ISBN: 978-3-4663-6859-4

2.4 Sinn und Sinnerfassung

„Sinn" im allgemeinen Verständnis steht oft mit Religion oder Philosophie im Zusammenhang und geht den Fragen nach: Warum ist der Mensch auf der Welt? Was ist der Mensch?

In der werte- und sinnorientierten Pädagogik befassen wir uns mit dem Sinn, der den einzelnen Menschen betrifft. Dieser Sinn wird immer wieder aufs

Neue gesucht, wird in jeder Situation nur **persönlich erkannt** und ist **etwas ganz Individuelles.** Wir müssen für die Gegebenheiten des Alltags offen und neugierig sein. Einen Sinn können wir ebenso im Kleinen, im Unbedeutenden finden. Wir haben die Freiheit, Chancen und Möglichkeiten mit innerer Zustimmung, also ohne Druck von außen, zu nutzen und Sinn im Tun und Handeln zu entdecken.

BUCHEMPFEHLUNGEN

Kobi Yamada, Mae Besom
Was macht man mit einer Chance?
Adrian Verlag, 2018
ISBN: 978-3-947188-42-0

Kobi Yamada, Gabriella Barouch
vielleicht
Adrian Verlag, 2019
ISBN: 978-3-947188-85-7

Das Leben in die Hand nehmen

Um Ja zum Leben zu sagen, müssen wir unser Leben aktiv in die Hand nehmen. Zur Sinnerfassung sind die Schritte **Wahrnehmen, Bewerten, Entscheiden und Verwirklichen** dienlich (vgl. Längle & Bürgi, 2014, S. 218):

- **Wir nehmen die gegebene Situation wahr:** Wie gestaltet sich mein aktuelles Leben? Welche Fähigkeiten und Stärken besitze ich? Was gelingt mir gut? Was ist mir bis jetzt geglückt?
- **Wir werten und bewerten die Möglichkeiten:** Welche Möglichkeiten habe ich in meinem Leben? Wie bewerte ich die verschiedenen Möglichkeiten? Was ist mir besonders wichtig?
- **Wir entscheiden uns für eine Möglichkeit, die uns besonders wertvoll erscheint:** Ich habe die Wirklichkeit angenommen und Möglichkeiten der Entscheidung erkannt. Was will ich? Wofür brenne ich und wozu sage ich Ja?
- **Wir handeln und öffnen uns für Neues.** Ich bin mutig und setze mit Entschlossenheit mein Vorhaben um (vgl. Längle & Bürgi, 2014, S. 221/222).

Die Aufgabe in der Kita ist es, die Lernumgebung so zu gestalten, dass die Kinder selbst ins Wahrnehmen, Bewerten, Entscheiden und Verwirklichen kommen. Die Kinder finden sinnvolle Tätigkeiten, die sie begeistern und motivieren, frei und selbstverantwortlich zu arbeiten.

2.5 Der Wille zum Sinn

Personale Werte motivieren das Kind, aktiv und selbstwirksam zu werden. Das Kind will etwas tun und schaffen. Dieses Tun ergibt Sinn und festigt das Kind in seiner Persönlichkeit und in seinem Selbstwert.

Dieser Wille zum Sinn ist **eine starke Antriebskraft des Menschen.** Wille und Wert stehen miteinander in Wechselwirkung. Der Wille ist ein Wesensmerkmal der Person.

Unterschied zwischen Wunsch und Wille

Der Wunsch entspringt aus einem Bedürfnis, der Wille aus einem Wert.

Wunsch: Severin wünscht sich eine Puppe. Severin ist mit diesem Wunsch von seinen Eltern abhängig. Er hofft darauf, dass sein Wunsch erfüllt wird. Hierbei ist er in einer passiven Rolle, die Verantwortung für die Erfüllung seines Wunsches liegt bei den Eltern.

Wille: Theresa will im Fußballverein Mitglied werden. Jeden Tag übt sie verschiedene Tricks mit dem Ball und verbringt nahezu ihre ganze Freizeit auf dem Fußballplatz. Fußballspielen stellt für Theresa einen großen personalen Wert dar. Darum ist ihr Wille stark. Sie ist aktiv und übernimmt Verantwortung für ihr Tun (vgl. Waibel, 2017, S. 86/87).

Der Wille des Kindes in der Kita-Praxis

Es ist wesentlich, Kinder zu willensstarken Persönlichkeiten zu erziehen. Willensstarke Kinder fordern uns heraus. Kinder sollen die Erfahrung machen, dass sie **das, was ihnen wirklich wichtig ist,** umsetzen und realisieren können. Es wäre jedoch nicht richtig, Kinder ständig ihren Willen durchsetzen zu lassen (vgl. Waibel & Wurzrainer, 2016, S. 199).

2.6 Vier Grundmotivationen für ein sinnvolles Leben

Alfried Längle (*1951), ein Schüler Viktor Frankls, hat die Existenzanalyse Frankls weiterentwickelt. Aus seinen wissenschaftlichen Beobachtungen und Forschungsstudien heraus entstand das **Modell der vier Grundmotivationen**, das aufzeigt, **unter welchen Bedingungen der Mensch sein Leben voll entfalten** kann. Jede Grundmotivation zeigt einen Aspekt menschlichen Seins auf. Die Grundmotivationen **Sein-Können, Leben-Mögen, Selbstsein-Dürfen und Handeln-Sollen** bilden eine **wertvolle Struktur für die pädagogische Arbeit** mit Kindern (vgl. Längle, 2014, S. 74).

Die folgenden Ausführungen beziehen sich auf den wissenschaftlichen Artikel Längles „Die Grundmotivationen menschlicher Existenz als Wirkstruktur existenzanalytischer Psychotherapie" (2002).

- **Erste Grundmotivation: Sein-Können – Weltbezug**
  Der Mensch braucht **Raum, Halt und Schutz**. Erlebt er dies, erfährt der Mensch Sicherheit. Hat er in der Welt einen Platz gefunden, entwickelt sich **Grundvertrauen**.
- **Zweite Grundmotivation: Leben-Mögen – Lebensbezug**
  Der Mensch braucht **Nähe, Zeit und Beziehung**. Der Mensch empfindet ein tiefes Gefühl für den Wert seines Lebens, wenn er spürt, dass es gut ist, dass es ihn gibt. Die eigene Gefühls- und Wertewelt ist bedeutsam. Sich selbst als wertvoll zu erfahren, ist Fundament aller Werte, der **Grundwert**.
- **Dritte Grundmotivation: Selbstsein-Dürfen – Selbstbezug**
  Gerechtigkeit, Beachtung und Wertschätzung helfen dem Menschen, sein Ich und seinen Selbstwert auszubilden. Wer zu sich selbst stehen kann, wird authentisch und hat vor sich selbst Respekt. Der Mensch will verstanden sein und nicht nach den Vorstellungen anderer leben müssen. Die Person des Menschen wird angesprochen. Der Mensch sagt Ja zu sich selbst als Person, was seinen **Selbstwert** stärkt und begründet.
- **Vierte Grundmotivation: Handeln-Sollen – sinnvolles Tun**
  Tätigkeitsfelder, Kontext und Zukunftsideen geben dem Leben persönlichen Sinn und Bedeutung. Verfolgt der Mensch ein Ziel, eine Aufgabe,

die bedeutungsvoll für ihn ist, wird er zum Handeln motiviert und lebt sein Leben in **Erfüllung** (vgl. Längle, 2002, S. 4–8).

Das Bedürfnis jedes Menschen ist es, ein gelingendes Leben zu führen. Voraussetzung dafür ist die Erfüllung der vier Grundmotivationen. Das wiederum führt den Menschen zum **Wollen**. Der Mensch gibt seine Zustimmung und sagt **Ja zur Welt, Ja zum Leben, Ja zur Person und Ja zum Sinn**, somit **Ja zu seiner Existenz** (vgl. Längle, 2002, S. 3).

Weitere Ausführungen hierzu, die für das Arbeiten in der Kita bedeutsam sind, finden Sie im Kapitel 3 „Leitimpulse für die Praxis" (siehe S. 34 ff.).

2.7 Beziehung und personale Begegnung

Beziehung im allgemeinen Verständnis ist der Kontakt zwischen Personen und/oder zwischen einer Person und einem Gegenstand, der das Handeln und Erleben der jeweiligen Person beeinflusst. Im pädagogischen Kontext meint Beziehung, eine **auf Vertrauen aufbauende persönliche Verbindung** zwischen zwei Menschen.

Beziehung entsteht aus der Wahrnehmung des anderen (vgl. Waibel, 2017, S. 115/116). Eine Beziehung kann sich sehr oberflächlich gestalten. In diesem Fall wird mindestens eine/-r der Beziehungspartner/-innen als Objekt behandelt. In einer Beziehung kann **personale Begegnung** passieren.

Begegnung aus existenzieller Sicht heißt, die Person des Gegenübers in ihrem Wesenskern zu erkennen, anzusprechen und zu berühren. Personale Begegnung bedeutet, die **Würde und die Werte** des anderen bewusst wahrzunehmen, seine **Person und Potenzialität** zu begreifen. Begegnung passiert auf einer tiefen inneren Ebene und verlangt keine Gegenleistung.

Der Prozess des gegenseitigen, personalen Kennenlernens und der Beziehungsstruktur kann in Stufen aufbauend betrachtet werden. Er führt von Akzeptanz zum Verstehen, weiter zur Beziehung und mündet in der personalen Begegnung (vgl. Waibel, 2017, S. 256).

Beziehung und Begegnung verlangen „ein Herausgehen aus sich selbst und der eigenen Welt und ein Offensein für den Anderen sowie ein Eintreten in die Welt des Anderen" (Waibel, 2017, S. 118).

Die personale Begegnung zweier Menschen

In einer personalen Begegnung spürt der Mensch die Einzgartigkeit und Einmaligkeit der Person seines Gegenübers. Er ist sensibel und feinfühlig und erkennt, was der andere benötigt. Er ist innerlich bereit, sich für Neues zu öffnen und zeigt Interesse. Er versucht, sich mit der Ganzheit seiner Person auf die Person des anderen einzulassen. Der Mensch akzeptiert sein Gegenüber, wie es ist, dabei bleibt er authentisch und ist empathisch. Diese Haltung bildet die Grundlage des Verstehens.

Bei einem „Pädagogik-Walk" (Interview auf DVD, Gertwig 2016) spricht Gerald Hüther, Neurobiologe und Autor, darüber, wie es uns Fachkräften gelingen kann, Kinder in ihrer Persönlichkeit zu stärken und dadurch einen in ihnen liegenden besonderen Schatz zu heben und zur Entfaltung zu bringen. Für Hüther liegt in der Begegnung **das Gesehen-Werden** und **das tiefe Verstehen** des Kindes. Nur dann, wenn das Kind spürt, dass es gesehen und verstanden wird, kann es seine Einzigartigkeit erkennen. Verstehen im Sinne Hüthers heißt, sich auf das Geschehen einzulassen, um selbst Teil des Geschehens zu werden. Es geht hier nicht um rein kognitives Begreifen, sonders um emotionales **Berührt-Werden**, damit ein Kind wirklich verstanden werden kann (vgl. Gertwig, 2016).

Das Sich-Einlassen auf personale Begegnung meint, bewusst **präsent zu sein.** Präsenz bedeutet, im Hier und Jetzt zu sein, sich ganz dem Augenblick hinzugeben. Dazu braucht es Zeit und die Akzeptanz, anzunehmen, was ist (vgl. Swarre, 2013, S. 144).

2.8 Phänomenologisches Verstehen

Phänomenologie ist hier keine wissenschaftliche Erkenntnismethode, sondern **eine unvoreingenommene, offene Haltung,** die getragen wird von Gelassenheit, Achtsamkeit und Präsenz. Sie eröffnet den Blick auf das Wesentliche

eines Menschen, auf seine Potenziale. Es geht um ein tiefes Verstehen und um das Belassen der Person in seiner Individualität. Auf keinen Fall geht es um ein Verändern der Person. Im phänomenologischen Tun verspüren wir eine Verbundenheit und Gemeinsamkeit. **Aus dem Du und Ich wird ein Wir.** Es entsteht ein Dialog auf Augenhöhe. Durch die offene, wertfreie Haltung passiert Unerwartetes, Überraschendes (vgl. Waibel, 2017, S. 127/128).

Phänomenologie in der Kita-Praxis

Eine phänomenologische Haltung braucht Übung, Zeit und Arbeit an sich selbst. Voraussetzung, um das Wesentliche zu erkennen, ist einerseits die **Unvoreingenommenheit**, mit der wir auf ein Kind zugehen, und andererseits **die Schärfung der eigenen Sinne:**

- Was nehmen wir wahr?
- Was tut sich in uns?
- Was ist in diesem Moment der Beziehung und Begegnung unser Gefühl?
- Was sagt uns das Kind mit seinem Blick, mit seiner Gestik?
- Wie wirkt das auf uns?

In einer Haltung der Offenheit erleben wir das Geschehen subjektiv. Versetzen wir uns in das Kind hinein, das wir beobachten, und spüren wir, was es gerade bewegt. Lassen wir das Gehörte und Sichtbare auf uns wirken. Nehmen wir uns Zeit, um uns beeindrucken zu lassen. Bringen wir die einzelnen Phänomene miteinander in Beziehung, z. B. Tonfall, Erregung, Inhalt des Gesagten oder der Begebenheit und unser eigenes Wohlfühlen beim Zuhören oder Zusehen. Daraus entsteht ein Gesamtbild, das stets in Bewegung und Veränderung ist.

3 Leitimpulse für die Kita-Praxis

Wir haben uns intensiv mit der Theorie der Existenziellen Pädagogik auseinandergesetzt. Nun folgt der praktische Teil, das Rüstzeug. Es ist mir wichtig, Ihnen, liebe Leserinnen und Leser, Spiele, hilfreiche Anwendungstipps und Methoden vorzustellen, die Ihre Arbeit in der Kita bereichern und Kinder in ihrer Persönlichkeitsentwicklung nachhaltig begleiten und stärken. Der Fokus in diesem Kapitel liegt auf der Person des Kindes und seiner Potenzialität, auf den vier Grundmotivationen **Sein-Können, Leben-Mögen, Selbstsein-Dürfen, Handeln-Sollen** und auf Begegnung und Beziehung als wertvolles Miteinander.

3.1 Die Person des Kindes und seine Potenzialität

Die Person in uns ist das Wesentliche, was uns wirklich ausmacht. Waibel und Wurzrainer sehen die Person als **goldene Kugel**, die tief in uns angelegt ist. Der Blick auf diese goldene Kugel kann durch zahlreiche Schichten überdeckt sein (vgl. Waibel & Wurzrainer, 2016, S. 21/22). Dies ist ein Faktor, den wir als pädagogische Fachkräfte nicht übersehen dürfen.

Beispiel Lisa

Lisa, 6 Jahre, springt wütend durch den Gruppenraum. Sie ist sichtlich verärgert. Nehmen wir uns bewusst Zeit für Lisa. Sprechen wir sie an,

zeigen wir Empathie und versuchen, Lisa zu verstehen. Unsere Anteilnahme hilft Lisa bereits, dass sie sich gesehen und wahrgenommen fühlt. Dadurch geht es ihr gleich besser.

*Ein **vorurteilsfreies, wertschätzendes Verhalten dem Kind gegenüber** hilft, so manche Situation zu entspannen und das Kind in seinem inneren Kern zu erreichen.*

Jedes Kind ist einmalig und einzigartig. Dies gilt für Äußerlichkeiten, aber vorzugsweise für die Person, das Wesen des einzelnen Kindes. Die Person zeigt sich in ihren Werten, in ihrem Willen, in ihrer Potenzialität. Damit ist jedes Kind etwas ganz Besonderes. Es gibt Daten und Fakten über ein Kind. Aber Achtung! Wie es sich in bestimmten Situationen verhält, ist dabei **nie vorherseh- oder voraussagbar**.

Im Falle von Lisa stellen wir uns die Fragen:

- Was braucht Lisa jetzt von uns?
- Was ist ausschlaggebend für ihre Entwicklung?

Kernelemente der werte- und sinnorientierten Pädagogik

Eine gute Beziehung, der dialogische Austausch, das Verstehen des Kindes in seinem Wesen und die absolute Wertschätzung sind wichtige Kernelemente der werte- und sinnorientierten Pädagogik. Wir muten und trauen dem Kind etwas zu und stärken damit seine Person, seine Authentizität und seinen Selbstwert. Die Potenzialität des Kindes, seine eigenen Kräfte, werden durch den offenen Blick auf die Einzigartigkeit und Einmaligkeit freigesetzt (vgl. Waibel, 2017, S. 178/179). „Ziel ist es, dass sich Kinder aus der eigenen Stärke heraus frei und ungehindert Anderen und Anderem zuwenden" (Waibel, 2017, S. 178).

3.1.1 Entfaltung der Potenzialität

In jedem Kind stecken noch nicht ausgeschöpfte Möglichkeiten: seine Potenziale. In der Begegnung und Beziehung zur Welt und zu den Mitmenschen kann die Potenzialität aktiviert werden.

Beobachten wir Kinder in ihrem Tun, erkennen wir ihre Fähigkeiten und Stärken und nehmen wir die noch nicht ausgeschöpften Möglichkeiten bzw. Potenziale der Kinder in den Blick:

- Was machen die Kinder gerne?
- Was spricht sie an?

Erfolge, und sind sie noch so klein, sichtbar zu machen, ermutigt Kinder, an einer Sache dranzubleiben, weiterzumachen und bei Misserfolgen nicht aufzugeben. **Erkenntnisse und Lösungen** für die Zukunft sind relevant, nicht die Vergangenheit und ihre Probleme.

Zeigen wir den Kindern **Lern- bzw. Entwicklungsfortschritte** auf, wo immer es möglich ist. Fokussieren wir hierbei **positive Unterschiede** bei verschiedenen Ereignissen und treten wir mit den Kindern in einen Dialog. Besprechen wir mit ihnen, was heute gut gelungen ist, was heute geschafft wurde. „Das eigentlich Wirksame ist nicht das Reden über Gelingendes, sondern vor allem das Erkennen von Zusammenhängen zwischen dem Gelingen und dem Nicht-Gelingen – natürlich mit dem Fokus auf positive Unterschiede" (Lueger & Krämer, 2016, S. 31).

Gelingendes gibt Energie und weckt Begeisterung.
Unsere Aufgabe ist es, Kinder auf ihrem Weg in die Selbstverantwortung zu begleiten. Sie lernen mit unserer Hilfe, ihre Tätigkeiten selbst einzuschätzen und dabei den Blick auf die positiven Unterschiede zu richten. **Fragen wir uns und die Kinder:**

- Was ist anders, wenn es besser gelingt?
- Was muss anders sein, damit es besser gelingt, und wer oder was kann dir dabei helfen? (Vgl. Lueger & Krämer, 2016, S. 104/105.)

Kinder reflektieren ihre Handlungen und werden sich ihrer eigenen Wirksamkeit bewusst. Dabei liegt der Fokus auf den Erfolgsfaktoren für die eigene Entwicklung. Schaffen wir Rahmenbedingungen, die es den Kindern ermöglichen, ihre Potenziale zu entfalten, ihre Kreativität auszuleben, aktiv zu sein und ihre Werte verwirklichen zu können. Dann erleben Kinder die Zeit, die sie für eine Tätigkeit aufwenden, als bereichernd und erfüllend.

Hilfreiche Haltungen und Handlungen, die Kinder in ihrer Selbstentfaltungskraft stärken: **Kinder sollen ...**

- spüren, dass sie für die Gruppe wichtig sind. Sie würden fehlen, wenn sie nicht da wären.
- zur Gemeinschaft und zur eigenen Situation in der Gruppe ihren konkreten Beitrag leisten.
- aktiv sein können.
- über ihr Tun und Spielen entscheiden können.
- Verantwortung übernehmen können.
- spüren, dass ihre Gefühle zugelassen und ernst genommen werden.
- bemerken, dass sie „gesehen" werden (vgl. Waibel & Wurzrainer, 2016, S. 28 f.).

Wir pädagogischen Fachkräfte ...

- gehen auf jedes einzelne Kind in seiner Person vorurteilslos, einfühlsam und empathisch zu.
- gehen auf die Frage ein: Was sehen, hören und fühlen wir bei diesem Kind?
- versuchen das Kind in seiner Gesamtpersönlichkeit zu verstehen.
- unterstützen das Kind, die bereits vorhandenen Ressourcen, Stärken, Potenziale, Strategien zu erkennen.
- machen Lernerfolge und Gelingendes sichtbar, formulieren die Stärken und Potenziale des Kindes und melden ihm diese zurück.
- reflektieren uns selbst und achten auf eigene Vorstellungen sowie immer wiederkehrende Handlungsmuster.
- nehmen uns Zeit.
- zeigen Freude und Neugier.
- lassen dem Kind die Freiheit, mitzuentscheiden.
- achten auf verbale und nonverbale Sprache, um die Verantwortung beim einzelnen Kind zu lassen (vgl. Waibel & Wurzrainer, 2016, S. 29/31).

BUCHEMPFEHLUNG

Werner Holzwarth, Stefanie Jeschke
Ich wär so gern ... dachte das Erdmännchen
Gerstenberg Verlag, 2012
ISBN: 978-3-8369-5443-3

3.1.2 Potenzialorientierte Gesprächsführung

In der potenzialorientierten Gesprächsführung werden gemeinsam mit den Kindern Erkenntnisse, Gelungenes bzw. Lösungen für die Zukunft in das Blickfeld genommen. Probleme und Vergangenes werden nicht betrachtet. In einem **Miteinander** wird überlegt und beschrieben, wie es zum Erfolg, zum Gelingen gekommen ist. Dadurch wird den Kindern bewusst, dass sie Teil des Erfolgs sind, da sie mitgewirkt haben. Auch kleine Erfolge müssen beachtet und wertgeschätzt werden. Die Kinder lernen, durch die Zielbeschreibung und -erklärung und durch gezielte handlungsorientierte Fragen weitere Lösungswege zu finden. Somit bleiben die Kinder in ihrer Verantwortung für das eigene Tun.

Potenzialorientierte Kommunikation bedeutet, sich gemeinsam mit den Kindern auf eine Entwicklungsreise zu begeben. Im Koffer mit dabei sind die **Gefühle des Verstehens und Vertrauens, des Angenommen-Seins, des Verbunden-Seins. Anerkennung und Selbstverwirklichung** sind weitere Reisebegleiter.

In der potenzialorientierten Gesprächsführung agieren wir pädagogischen Fachkräfte folgendermaßen. Wir ...

- setzen bei Gelungenem und bei den Potenzialen der Kinder an.
- achten bei der Gesprächsführung auf konkrete Zielformulierungen.
- verwenden in unseren Formulierungen das Wort „und".
- vermeiden Formulierungen wie „Ja, aber" und „eigentlich".
- versuchen Generalisierungen und Pauschalisierungen zu vermeiden (wie: nie, immer, ständig, dauernd, keine, ewig, jeder, niemand, alle).
- haben und zeigen keine Vorurteile.
- verwenden eine handlungsorientierte Sprache.
- gebrauchen zirkuläre Fragen, die Kinder anregen, eine andere Perspektive einzunehmen, z. B. „Wenn deine Freundin Anne hier wäre und ich sie fragen könnte, wie sie über unsere Vereinbarung denkt, was meinst du, würde sie dazu sagen?" (vgl. Waibel & Wurzrainer, 2016, S. 50/51).

Potenzialorientierte vs. problemorientierte Gesprächsführung

Eine potenzialorientierte Gesprächsführung unterscheidet sich von der problemorientierten Gesprächsführung im Hinblick auf Formulierungen von Fragestellungen wie folgt.

Die **potenzialorientierte Gesprächsführung** fokussiert die Zukunft, das Gelingen, den Fortschritt, die Lösung und die Ressourcen.

Fragestellungen aus potenzialorientierter Sicht:

- Was soll sich in Zukunft verändern?
- Wie können wir die Sache in Zukunft angehen?
- Was ist gut, wenn es so bleibt?
- Was ist gut und gelingt?
- Wo gibt es Erfolge und Fortschritte?
- Was bringt uns Gewinn?
- Woran merken wir die positiven Unterschiede?
- Wie können wir Lösungen gemeinsam erarbeiten?
- Wo gibt es noch Ressourcen?
  (Vgl. Waibel & Wurzrainer, 2016, S. 47.)

Die **problemzentrierte Gesprächsführung** konzentriert sich auf die Vergangenheit, die Fehler, die Probleme und die Defizite.

Fragestellungen aus problemzentrierter Sicht:

- Was ist in der Vergangenheit passiert?
- Warum ist die Sache so gelaufen?
- Was stimmt hier nicht?
- Was sind die Schwierigkeiten?
- Wer hat den Fehler gemacht?
- Wer oder was war der Auslöser?
- Was sind die Defizite?
- Welche Fördermaßnahmen braucht es?
  (Vgl. Waibel & Wurzrainer, 2016, S. 47.)

Potenziale können sich entfalten, wenn gemeinsam über Visionen gesprochen wird, positive Bilder kreiert werden, Raum und Zeit vorhanden ist, um Ideen auszuprobieren und umzusetzen. Wertschätzendes Feedback ermutigt das Kind, neue und andere Dinge auszuprobieren.

3.1.3 Potenzialorientierung durch wahrnehmende Beobachtung

Ein prozessorientiertes Beobachtungsverfahren, das die Gesamtpersönlichkeit des Kindes in den Blick nimmt, ist die **wahrnehmende Beobachtung.**

Beobachten wir ein Kind und lassen wir uns ganz auf dieses ein, mit unseren Gefühlen, unseren eigenen Empfindungen, mit all unseren Sinnen. Fokussieren wir unsere Aufmerksamkeit auf das Kind und auf die Situation. Wir sind offen für das, was kommt, haben keine Vorurteile und sind einfühlsam. Wir schauen aufmerksam hin und hören bewusst zu. Manches, das wir nicht über unsere Sinne wahrnehmen können, erfassen wir über unsere Gefühle.

Durch wahrnehmendes Beobachten spürt das Kind, dass es wertgeschätzt wird. Es kann in seiner Einzigartigkeit **selbstgesteuert agieren**. Wir lernen das Kind besser zu verstehen, erkennen Signale, Stärken, Interessen und Fähigkeiten. Wir können aufgrund der Beobachtung unser pädagogisches Handeln danach ausrichten, reflektieren und feinfühlig agieren. Wahrnehmendes Beobachten kann im Alltag jederzeit, in jeder Situation eingesetzt werden.

Wahrnehmende Beobachtung ist **doppelte bzw. geteilte Aufmerksamkeit**. Einerseits richtet sich die Beobachtung auf das einzelne Kind und sein Tun und Handeln, andererseits auf die eigene Wahrnehmung nach innen. **Wir fragen uns bewusst:**

- Was könnte dieses Kind genau jetzt in seinem Tun empfinden?
- Was bedeutet dieses Tun für das Kind?
- Was löst das, was wir beim Kind beobachten, in uns aus?
- Was hat das mit unserer eigenen Biografie zu tun? (Vgl. Almenzadeh, 2020.)

BUCHEMPFEHLUNGEN

Lorenz Pauli, Kathrin Schärer
Mutig, mutig
Atlantis Verlag, 2006
ISBN: 978-3-7152-0518-2

Miriam Cordes
Wir sind stark
Carlsen Verlag, 2018
ISBN: 978-3-5511-7093-4

3.1.4 Potenzialorientierung durch offene Arbeit und Partizipation

Offenes Arbeiten in der Kita stellt kein Konzept dar, sondern spiegelt wie die werte- und sinnorientierte Pädagogik eine Haltung wider. Aus einem dialogischen Miteinander und aus der Beobachtung der Bedürfnisse und Themen der Kinder entwickelt sich **eine Arbeitsform *mit* Kindern** und **nicht *für*** Kinder.

Offene Arbeit in der Praxis

Offene Arbeit richtet den Fokus auf …

- die Selbstbildungsprozesse der Kinder,
- Transparenz des pädagogischen Handelns,
- Selbstreflexion,
- Kompetenz in der Gesprächsführung mit Kindern,
- kindzentriertes Arbeiten mit interessiertem, offenem Blick auf das Kind in seiner Einzigartigkeit und seiner Unverwechselbarkeit,
- das Wahrnehmen von Stärken und Potenzialen, von Signalen und Impulsen sowie
- auf das Einlassen auf neue Ideen und ungewöhnliche Lösungsvorschläge.

Kinder können am Geschehen teilhaben und sich aktiv einbringen. Sie erleben Eigenständigkeit, Entscheidungsfreiheit und gemeinschaftliche Verantwortung. Wir beobachten Situationen in der pädagogischen Arbeit und fragen uns im Sinne der werte- und sinnorientierten Pädagogik:

- Was beschäftigt dieses eine Kind heute besonders?
- Was braucht das Kind jetzt von uns, damit es an seinem Thema forschen und arbeiten kann? (Vgl. Vorholz, 2017, S. 13/14.)

Öffnung aus der Sicht des Kindes:

- **Ich** kann meine Themen und Interessen entdecken.
- **Ich** kann mir Erwachsene suchen, die mir dabei helfen. (Welche Bezugsperson passt für mich?)
- **Ich** habe die Chance, mich mit dem, was mir wichtig ist, auseinanderzusetzen und es vor allem zu einem Ende zu führen (vgl. Vorholz, 2017, S. 14).

Eine Kita, die offen arbeitet, sieht **Aspekte der Unterschiedlichkeit (Diversität)** als Bereicherung. **Gelebte Vielfalt** bringt Kindern neue Horizonte und nimmt Berührungsängste. Ob Kinder mit Beeinträchtigungen, Kinder mit unterschiedlichen kulturellen Lebensgrundlagen, Kinder mit besonderen Begabungen – alle Kinder in ihrer Vielfalt finden in einer offenen Einrichtung mit klaren Strukturen einen sicheren Ort. Auf dem gemeinsamen Weg in der Peer-Gruppe und mit erwachsenen Bezugspersonen können die Kinder in Freiheit ihre Autonomie ausleben und ihre Potenziale entfalten (vgl. Vorholz, 2017, S. 14/15).

Partizipation

Partizipation in der Kita stellt **eine offene Lernkultur** dar, die es den Kindern ermöglicht, ihre **Lebenswelt zu gestalten und Selbstwirksamkeit** zu erfahren. Partizipation heißt, Kindern **wirklich zuzuhören** – aufmerksam, neugierig und interessiert. Der Beitrag der Kinder ist einmalig und wertvoll. Wir treten in einen **gleichwürdigen Dialog** mit den Kindern und ermöglichen ihnen dadurch echte **Mit- und Selbstbestimmungsmöglichkeiten.**

Partizipation in der Kita zu leben, bedeutet …

- eine offene Haltung den Ideen der Kinder gegenüber einzunehmen.
- flexibel zu sein und die eigenen Wege zu verlassen, denn manchmal entwickeln sich Vorhaben anders als geplant.
- weniger Macht- und Kontrolle auszuüben, sich jedoch der pädagogischen Verantwortlichkeit bewusst zu sein.
- Aushandlungsprozesse zuzulassen und die Kinder in ihren Entscheidungen zu begleiten.
- Kinder als Expert/-innen ihrer Lebenswelt anzuerkennen.

BUCHEMPFEHLUNGEN

Juli Zeh, Dunja Schnabel
Jetzt bestimme ich!
Carlsen Verlag, 2015
ISBN: 978-3-5515-1816-3

Anne Hassel, Eva Künzel
König Theodor
Alibri Verlag, 2018
ISBN: 978-3-8656-9261-0

3.2 Bildungs- und Lernprozesse im Kontext der vier Grundmotivationen

Die vier Grundmotivationen Sein-Können, Leben- Mögen, Selbstsein-Dürfen und Handeln-Sollen bilden das Herzstück der werte- und sinnorientierten Pädagogik. Darum werden diese im Folgenden näher beschrieben und auf die praktische Arbeit mit Kindern in der Kita bezogen. Zahlreiche **Spielvorschläge und -anregungen** fördern die Auseinandersetzung mit den vier Grundmotivationen. Zum besseren Verständnis wähle ich die Metapher einer wachsenden Kleepflanze. Die einzelnen Stadien des Wachstums der Pflanze verdeutlichen je eine Grundmotivation und beschreiben, unter welchen Bedingungen sich das Leben voll entfalten kann.

Abbildung: Die vier Grundmotivationen

3.2.1 Erste Grundmotivation: Sein-Können – Weltbezug

Meine Kleepflanze

In einen Topf gebe ich frische Blumenerde und säe ganz dünn Kleesamen aus. Ich bedecke den Samen mit einer feinen Schicht Erde und befeuchte sie. Der Topf ist stabil und robust, die Erde hat genügend Nährstoffe und bietet gute Wachstumsbedingungen. Nun kann der Samen auskeimen und es bilden sich erste Wurzeln.

Die erste Grundmotivation lässt sich mit diesen Wurzeln vergleichen. Die Wurzeln geben Grundvertrauen und Standsicherheit. Ich bin! Mich gibt es wirklich!

Auf die Arbeit mit Kindern übertragen, bedeutet dieses Sein-Können: Geben wir Kindern **Halt, Raum und Schutz**. Dadurch entwickeln sie das Gefühl des Grundvertrauens:

- Kinder erfahren **Halt**, wenn sie von uns bedingungslos angenommen werden und wissen, dass sie sich auf uns verlassen können.
- Kinder erfahren **Halt** durch konsequentes Handeln und Beständigkeit. Erarbeiten wir gemeinsam mit den Kindern klare Regeln und bauen immer wiederkehrende Rituale in den Alltag ein.
- Kinder erfahren **Halt**, wenn sie ausreichend Bewegung haben und dadurch eine sichere Körperspannung aufbauen können. Eine aufrechte Körperhaltung und sichere, stabile Bewegungen sind Schlüsselfaktoren für das Selbstvertrauen.
- Kinder brauchen **Raum**, um sich zu entfalten und eigene Ideen ausleben zu können.
- Kinder brauchen **Raum**, um ihre Gefühle und Gedanken ausdrücken zu können.
- Kinder brauchen **Raum**, um mitzuentscheiden und zu partizipieren.

ACHTUNG

Zu viel Raum und Freiheit kann jedoch Unsicherheit und Orientierungslosigkeit hervorrufen. Zu wenig Raum kann einengen und beklemmende Gefühle auslösen.

- Kinder finden **Schutz** im Angenommen-Sein und Aufgehoben-Sein durch Erwachsene und Peers.
- Kinder finden **Schutz**, wenn auf ihr Kindeswohl geachtet wird und ihre persönlichen Grenzen gewahrt werden.

Kinder stärken und begleiten: Ich bin!

GRUNDVERTRAUEN ENTWICKELN – SPIELIMPULSE

Ich bin ich und das ist gut!

Material: keines

Organisationsform: Sitzkreis

Die Spielleitung nennt verschiedene positive, einzigartige, sichtbare und nicht sichtbare Merkmale wie: Gel in den Haaren, geringelte Socken, eine Halskette, kann bereits lesen, hat einen Hund etc.

Das Kind, auf das dieses Merkmal zutrifft, steht auf, geht in die Kreismitte, verbeugt sich dort und spricht:

Ich bin (Name) und habe/kann (genanntes Merkmal).

Alle anderen klatschen. Stolz setzt sich das Kind wieder auf seinen Stuhl und erfährt: **So wie ich bin, ist es gut!** Manchmal braucht es zwei Merkmale, die auf ein Kind zutreffen, um es zu identifizieren.

Ich und du

Material: 1 Abspielgerät und Musik

Organisationsform: freie Aufstellung im Raum

Die Spielleitung steuert die Musik. Die Kinder spazieren im Takt der Musik im Raum umher. Dabei beobachten sie die anderen Kinder sehr genau und suchen bereits beim Gehen nach Gemeinsamkeiten. Stoppt die Musik, bilden die Kinder Paare und sprechen miteinander. Was haben wir gemeinsam? Warum gehören wir zusammen? Was unterscheidet uns? Gemeinsamkeiten und Unterschiede können Merkmale, besondere Fähigkeiten oder Hobbys sein. In der Gruppe werden die Gemeinsamkeiten bzw. Unterschiede vorgestellt, dann trennen sich die Paare wieder. Die Musik startet und das Spiel beginnt von vorn.

Ich und mein Name

Material: keines

Vorbereitung: Die Spielleitung holt sich Informationen zu den jeweiligen Vornamen der Kinder ein. Was bedeutet der Name? Woher kommt er? Auch die Kinder erfragen bei ihren Eltern, warum sie diesen Namen erhalten haben.

Organisationsform: Sitzkreis

Ein Kind nennt seinen Vornamen und berichtet alles darüber. Vielleicht kann das Kind auch von lustigen Erlebnissen mit seinem Namen erzählen oder Personen nennen, die den gleichen Namen tragen. Die Spielleitung kann Informationen ergänzen. Abschließend spricht das Kind folgenden Reim:

Ich heiße (Name), und das macht mich froh.
Alle meine Freundinnen und Freunde rufen mich so!

Nun rufen alle Kinder im Sitzkreis 3-mal den Namen des Kindes.

Wir sind einmalig!

Material: keines

Organisationsform: Stehkreis

Ein Kind beginnt, sagt seinen Namen und eine besonderes Merkmal, das es einmalig macht. Das Kind rechts neben ihm wiederholt den Namen und das Talent und fügt dann seinen eigenen Namen inklusive seines Erkennungszeichens hinzu. Das Spiel verläuft reihum. Es wird immer schwieriger, sich alle Namen und Merkmale zu merken und zu wiederholen.

VARIANTE:
Organisationsform: Stehkreis

Ein Kind nennt seinen Vornamen und macht eine Bewegung dazu. Das nächste Kind wiederholt Vornamen und Bewegung, nennt nun seinen eigenen Vornamen und führt eine neue Bewegung aus.

Das Geheimnis des Schatzes

Material: 1 kleine Schatzkiste, in der ein Taschenspiegel am Boden fixiert ist

Organisationsform: Sitzkreis

Die Spielleitung hält die kleine Schatzkiste in der Hand. Geheimnisvoll erzählt sie vom Schatz, der in der Kiste ist. Dann blickt sie selbst hinein und erfreut sich an dem, was sie sieht. Sie schließt die Kiste wieder und reicht sie an ein Kind weiter. Im Vorfeld versprechen die Kinder, das Geheimnis, das sie entdecken, nicht zu verraten. Sich selbst als Schatz zu erkennen, beglückt jedes Kind und stärkt es in seinem Selbstwert.

Auch an Elternabenden kann die Schatzkiste eingesetzt werden. Die Eltern erfreuen sich auch an ihrer Persönlichkeit und Einzigartigkeit.

Platztausch

Material: keines

Organisationsform: Stehkreis

Die Spielleitung beginnt, blickt ein Kind bewusst an und blinzelt diesem zu. Nun gehen beide wortlos aneinander vorbei und tauschen die Plätze. Das Kind, das nun auf dem Platz der Spielleitung steht, schaut ein weiteres Kind an und blinzelt. Wieder werden die Plätze getauscht.

Variante 1 (aufbauend): Ein Kind blinzelt einem anderen zu. Beide tauschen die Plätze. Sie begegnen sich in der Kreismitte, bleiben stehen und begrüßen einander freundlich mit Worten sowie Mimik und Gestik. Es kann auch der Name genannt werden: z.B.: „Hallo, ich bin Lisa! Wer bist du?" oder: „Hallo! Schön, dass du da bist!"

Variante 2: Die Kinder schauen zu Boden. Auf das Kommando der Spielleitung schauen alle Kinder auf und suchen den Blick eines anderen Kindes. Treffen sich zwei Blicke, werden die Plätze getauscht. Diese Variante ist im Fluss und stoppt nicht.

ACHTUNG

Mehrere Kinder sind gleichzeitig auf dem Weg. Das heißt: Gegenseitige Rücksichtnahme und Achtsamkeit sind geboten.

Das will ich einmal machen!

Material: keines

Organisationsform: Sitzkreis

Ein Kind steht in der Mitte und erzählt eine Sache, die es noch nie gemacht hat, jedoch gern einmal tun würde: „Ich habe noch nie einen Baum umgesägt." Oder: „Ich bin noch nie mit dem Flugzeug geflogen." Alle Kinder, die das Gesagte genauso noch nie gemacht haben, es jedoch gerne tun würden, tauschen miteinander die Plätze. Das Kind in der Mitte versucht, einen freien Sitzplatz zu erreichen. Das Kind, das nun keinen Sitzplatz hat, bleibt in der Mitte stehen.

Variante (etwas einfacher): Das habe ich schon einmal gemacht, z.B. „Ich habe schon einmal Spaghetti gegessen".

Der blinde Prinz/die blinde Prinzessin

Material: ein Thron (Stuhl, der besonders schön dekoriert wird, z.B. rotes Tuch, goldene Kette vom Weihnachtsschmuck), Schlafmaske oder Tuch zum Verbinden der Augen

Für jedes Kind: 1 klingendes Instrument (Rassel, Triangel, Glocke, Klangschale, Trommel o. Ä.)

Organisationsform: Gassenaufstellung

Ein Kind mit verbundenen Augen sucht den Weg zum Thron. Alle anderen Kinder halten leise ihr Instrument in der Hand. Sobald sich das blinde Kind einem Kind mit Instrument nähert, erklingt ein Ton. Das Kind geht weiter. Erreicht es den Thron, nimmt es dort Platz. Wieder sehend, erhält der Prinz bzw. die Prinzessin noch ein Konzert von den Musikanten.

Variante (etwas schwieriger): Alle Kinder stehen dabei frei verteilt im Raum.

Das Guten-Morgen-Geschenk

Material: für jedes Kind und die Spielleitung: 1 Musikinstrument

Organisationsform: Stuhlkreis

Alle Kinder haben die Augen geschlossen. Die Spielleitung verteilt unter jedem Stuhl ein Musikinstrument. Die Kinder öffnen die Augen. Die Spielleitung geht mit einem Instrument in der Hand im Kreis und bleibt vor einem Kind stehen. Sie sagt folgenden Spruch:

Guten Morgen, liebe/-r (Name), einen Ton/eine Melodie schenk ich dir.

Dann spielt sie einen Ton oder eine kurze Melodie. Das Kind holt sein Instrument unter dem Stuhl hervor und antwortet, indem es ebenso einen Ton oder eine Melodie spielt. Anschließend wird der Platz gewechselt: Die Spielleitung setzt sich auf den Stuhl des Kindes. Dieses geht im Kreis weiter und wünscht dem nächsten Kind melodisch einen guten Morgen.

Führen mit Tönen

Material: für jedes Kind: 1 Instrument (z. B. Fingercymbeln, Triangel, Holzblocktrommel)

Organisationsform: paarweise Aufstellung

Ein Kind hält die Augen geschlossen. Das andere Kind hat ein Musikinstrument in der Hand und geht langsam durch den Raum. Das blinde Kind folgt den Tönen des führenden Kindes. Dieses Kind ist für die Sicherheit beider verantwortlich.

Entspannungsgeschichte

Material: 1 Abspielgerät und Naturgeräusche, evtl. Origamipapier und Stifte

Für jedes Kind: 1 Matte

Organisationsform: Die Kinder liegen auf ihren Matten.

Ein Segelboot auf Reisen
Alle Kinder schließen die Augen. Im Hintergrund laufen leise Naturgeräusche. Die Kinder nehmen die Geräusche bewusst wahr. Dann beginnt die Spielleitung, zu erzählen:

Stell dir vor, du spazierst über eine Sommerwiese. Die bunten Blumen riechen besonders gut. Die Sonne scheint warm auf deinen Rücken. Spürst du das?

Die Vögel zwitschern. Du gehst langsam weiter. Du freust dich, weil hier alles so schön ist. Du atmest den Blumenduft – tief ein und aus. Du schaust den kleinen Wolken nach, die über den Himmel ziehen.

Du schlenderst durch den kleinen Wald und kommst zu einer Lichtung.

Vor dir liegt ein wunderschöner, großer See.

Das Wasser ist ganz ruhig. Die Sonne spiegelt sich im See. Du entdeckst ein kleines Segelboot und gehst darauf zu. Das Boot wartet auf dich.

Du kletterst in das Boot. Das Boot möchte dir den See zeigen. Ein leichter Wind kommt auf. Langsam fährt das Segelboot mit dir aus dem Hafen. Die Wellen bewegen das Boot auf und ab. Lege deine Hände auf deinen Bauch und atme tief ein und aus – tief ein und aus. Spürst du die Wellen? Spürst du den Wind auf deiner Haut?

Atme noch einmal – tief ein und aus. Das Schaukeln des Bootes macht dich müde. Du musst gähnen. Du streckst und rekelst dich. Die Welt rund um dich herum ist wunderschön.

Ganz langsam fährt das Segelboot über das Wasser und bringt dich dann sicher wieder in den Hafen. Glücklich kletterst du aus dem Boot und spürst die Erde unter deinen Füßen. Atme noch einmal tief ein und aus – tief ein und aus – und winke dem Boot. Dann läufst du zurück zur Blumenwiese. Du bist stark und glücklich!

Die Kinder öffnen ihre Augen und setzen sich langsam auf.

Variante: Gemeinsam mit den Kindern werden Segelboote gefaltet. Jedes Kind kann sein Boot individuell bemalen.

Die Kinder liegen flach auf den Matten. Das gefaltete Segelboot liegt auf ihrem Bauch. Die Spielleitung erklärt den Kindern das Wellenatmen: Die Kinder atmen langsam durch die Nase ein. Der Bauch hebt sich wie eine Welle. Die Kinder halten die Luft kurz an und lassen sie dann kräftig durch den Mund ausströmen. Der Bauch senkt sich. Die Atmung lässt das Boot sanft auf und ab reiten wie auf Wellen. Die Kinder atmen frei in ihrem eigenen Rhythmus.

BUCHEMPFEHLUNGEN

Paul Friester, Philippe Goossens
Heule Eule
NordSüd Verlag, 2012
ISBN: 978-3-314-10139-7

Peter H. Reynolds
Ramons Atelier
Gerstenberg Verlag, 2018
ISBN: 978-3-8369-5664-2

3.3.2 Zweite Grundmotivation: Leben-Mögen –Lebensbezug

Meine Kleepflanze

Die Keimlinge in meinem Blumentopf sprießen und eine kleine, zarte Pflanze wächst aus der Erde. Ich pflege das Pflänzchen, es steht an einem Platz, der von der Sonne beleuchtet und erwärmt wird. An heißen Tagen benötigt es etwas mehr Wasser. Die zarte Pflanze fühlt sich geborgen und sicher und freut sich am Wachsen. Das zeigt sich an den aufrechten und aufsteigenden Stängeln der Pflanze. Die Pflanze spürt:

Ich lebe! *In dieser Grundmotivation liegt* ***der Grundwert****.*

- Kinder brauchen **Beziehung, Zeit und Nähe.** Daraus erwachsen unterschiedlichste Gefühle wie Empathie und Liebe. Aus dem Zugang zu den Gefühlen und vor allem aus dem Zulassen der Gefühle wurzelt der **Grundwert**, das „subjektiv empfundene Gefühl für den Wert des eigenen Lebens" (Waibel & Wurzrainer, 2016, S. 62).
- **Beziehung** erleben Kinder, wenn sie spüren, dass sie beachtet werden und dass sie Teil einer Gruppe sind. Schenken wir jedem einzelnen Kind diese Beachtung, wenden wir uns ihm bewusst zu und schätzen wir es wert. Zeigen wir Interesse an der Arbeit des Kindes. Das Kind kann dadurch seine Potenzialität zur Entfaltung zu bringen. Ein positives, achtsames Miteinander steht hier im Vordergrund: „Gut, dass es dich gibt!"
- **Zeit** für das Miteinander sinnvoll nutzen: Nehmen wir uns bewusst Zeit für das einzelne Kind. Seien wir physisch, psychisch und geistig präsent. Keine Ablenkung soll jetzt das Zusammensein stören, denn Zeit haben heißt, unsere und die Lebenszeit des Kindes mit positiver Energie zu befüllen. Lassen wir dem Kind Zeit in seinen Tätigkeiten und in der Verarbeitung seiner Gefühle.
- **Nähe** drückt emotionale Verbindung aus. Lassen wir uns von der Person des Kindes berühren, dadurch vertieft sich unsere Beziehung. Achten wir auf ein gutes Nähe-Distanz-Verhältnis und wahren wir die Grenzen des Kindes.

- Jedes Kind kann sein Leben als gut und lebenswert empfinden. Es spürt, dass es gut ist, dass es es gibt und dass es wertgeschätzt wird. Die Erfahrung, wertvoll zu sein, bildet das Fundament aller Werte (vgl. Waibel & Wurzrainer, 2016, S. 62–65).

Kinder stärken und begleiten: Ich lebe!

STÄRKUNG DES GRUNDWERTS – SPIELIMPULSE

Maya und Finn zeigen Gefühle

Material: keines

Organisationsform: Sitzkreis auf dem Boden

Die Spielleitung steht in der Mitte des Kreises und stellt pantomimisch ein bestimmtes Gefühl dar, z. B. Freude, indem sie lächelt und tanzt. Sie fordert nun die Kinder auf, zu raten, was sie gerade fühlt. Die Kinder nennen das Gefühl und erklären, woran sie es erkannt haben. Die Kinder versuchen nun, das Gefühl auf ihre Weise vorzuführen.

Anschließend stellen die Kinder selbst unterschiedliche Gefühle dar. Zuvor wird gemeinsam überlegt, welche Körperhaltung zu welchem Gefühl gehört, z. B. Was macht Maya, wenn sie fröhlich (Arme nach oben, lachen, hüpfen), aufgeregt (zittern, mit dem Fuß wippen), glücklich (lachen, springen, singen), albern (streckt die Zunge raus, verdreht die Augen) etc. ist? Wie signalisiert Finn, dass er traurig (Hände in den Hosentaschen, Kopf nach unten, hängende Schultern), ratlos (Kopf schief gelegt, Schultern hochgezogen, Handflächen zeigen nach oben) oder verärgert (Arme vor dem Körper verschränkt, Blick grimmig) etc. ist?

Der Fotoreporter und die Fotoreporterin

Material: 1 Abspielgerät und Musik, 1 Digitalkamera

Organisationsform: freie Verteilung im Raum

Ein Kind ist die Fotoreporterin bzw. der Fotoreporter und hält eine imaginäre Kamera in der Hand. Die Spielleitung schaltet das Abspielgerät ein, die Kinder bewegen sich frei im Raum zur Musik. Wenn die Spielleitung die Musik stoppt, ruft die Fotoreporterin bzw. der Fotoreporter ein Motiv (Schnappschuss, Porträtaufnahme, Hochzeitsfoto, Gruppenfoto, Laufsteg), das sie/er sich wünscht. Die Kinder bleiben stehen und versuchen, das Motiv darzustellen. Das fotografierende Kind geht durch den Raum und schießt imaginäre Fotos:

Schnappschuss: Alle Kinder bleiben wie eingefroren stehen.

Porträtaufnahme: Das fotografierende Kind geht ganz nah an die anderen heran und fotografiert das Gesicht.

Hochzeitsfoto: Je zwei Kinder tun sich zusammen.

Gruppenfoto: Alle Kinder stellen sich eng zu einer Gruppe zusammen.

Laufsteg: Alle Kinder stehen in einer Reihe hintereinander, das erste Kind geht wie ein Model auf das fotografierende Kind zu. Am Ende des Laufstegs macht es das Foto. Hinweis: Models machen stets ein sehr ernstes Gesicht.

Variante mit einer Digitalkamera: Nun werden Gefühle festgehalten. Alle Kinder schauen traurig, glücklich, wütend, überrascht, ängstlich usw.

Mit diesen Fotos können Plakate oder ein Gefühle-Memo-Spiel gestaltet werden (Spielidee: vgl. Scheer & Gulden, 2007, S. 45).

Mein Spiegelbild

Material: für jedes Kind: 1 Handspiegel

Organisationsform: Sitzkreis, später paarweise

Jedes Kind betrachtet sich im Handspiegel. Wie sehe ich aus (Augen, Ohren, Haare, Mund usw.)? Was kann ich mit meinem Gesicht alles machen (lächeln, grimmig schauen, Grimassen ziehen usw.)? Erkenne ich Gefühle in meinem Spiegelbild? Die Kinder versuchen, verschiedene Gefühle mimisch darzustellen.

Variante 1: Zwei Kinder stehen sich gegenüber. Ein Kind drückt ein Gefühl durch Bewegung, Mimik und Gestik aus, das andere Kind ist der Spiegel und imitiert das Gesehene.

Ich sehe wen, den du auch siehst

Material: 1 Podest oder niederer Sprungkasten, 1 Handtrommel

Vorbereitung: Die Spielleitung beobachtet die Kinder sehr gut und notiert Stärken und Besonderheiten der einzelnen.

Organisationsform: freie Aufstellung im Raum

Die Kinder laufen im Trommeltakt, den die Spielleitung vorgibt, durch den Raum. Stoppt die Trommel, ruft sie z. B.:

Ich sehe wen, den ihr auch seht, und der hat heute z. B. wunderschön die Bauecke aufgeräumt/mir beim Ausschneiden geholfen/die Tür aufgehalten/ein schweres Puzzle gemacht etc.

Das Kind, das sich von der Aussage angesprochen fühlt, darf auf das Podest steigen und wird von den anderen Kindern mit Applaus geehrt. Sobald die Trommel erklingt, setzt sich das Spiel fort. Alle Kinder bekommen die Gelegenheit, auf das Podest zu steigen. Vielleicht sind auch den Kindern besondere Tätigkeiten bei den anderen aufgefallen, die sie nennen möchten.

Der doppelte Max

Material: keines

Organisationsform: paarweise

Eines der beiden Kinder geht durch den Raum, so wie es ihm gerade gefällt, dazu macht es lustige Bewegungen. Sein „Schatten“ (das zweite Kind) folgt ihm und spricht dabei folgenden Spruch:

Mal hier, mal dort, ich geh mit dir an jeden Ort!

Dabei versucht der „Schatten“, alle Bewegungen seines Vorgängers/seiner Vorgängerin zeitgleich zu imitieren (Spielidee: vgl. Weitzer, 2015, S. 36).

Wir sind Freunde

Material: keines

Organisationsform: Anhängespiel

Ein Kind geht im Kreis herum und sucht sich ein anderes aus, das mit ihm geht. Dazu sagt es folgenden Spruch:

Ich steh vor dir, reich dir die Hand.
Ich freu mich so, weil ich dich fand!

Wir gehen weiter, Schritt für Schritt
und nehmen neue Kinder mit.

Der Spruch wird wiederholt, bis alle Kinder angehängt sind.

Hilfe, ich bin in den Brunnen gefallen

Material: keines

Organisationsform: Stuhlkreis

Ein Kind wird bestimmt, das sinnbildlich in den Brunnen fällt und nun in der Mitte des Kreises auf dem Boden sitzt. Das Kind ruft: *Hilfe, ich bin in den Brunnen gefallen!* Die Kinder rundherum sind erschrocken und fragen: *Wie tief denn?* Das Kind im Brunnen antwortet: *100, (50, 7 usw.) Meter.* Die

Kindergruppe fragt nach: *So tief? Wer soll dich denn retten?* Nun überlegt sich das Kind im Brunnen eine Handlung oder Eigenschaft und sagt z. B. *Wer am besten hüpfen kann!* (Wenn es um Gefühle geht: Wer am besten lachen, weinen, sich ärgern, wütend, stampfen usw. kann.) Jedes Kind führt nun die gestellte Aufgabe aus. Das Kind im Brunnen entscheidet, wer es retten soll. Das rettende Kind nimmt es an die Hand. Gemeinsam rufen alle dreimal *Hau-ruck*! Das Kind wird gerettet, doch das rettende Kind fällt in den Brunnen, das Spiel beginnt von Neuem.

Gefühlsprinzessin/Gefühlsprinz

Material: 1 Krone, 1 dekorierter Stuhl als Thron (z. B. rotes Tuch, goldene Kette vom Weihnachtsschmuck)

Organisationsform: freie Aufstellung im Raum

Auf dem Thron sitzt die Prinzessin bzw. der Prinz. Sie/er ist eine sehr eigenwillige Persönlichkeit und möchte, dass das Volk genauso fühlt und empfindet wie sie/er. Sie/er befiehlt den Untertanen, dass jeder die Gefühle nachahmt: lachen, stampfen vor Zorn, ganz fürchterlich weinen. Alle Kinder machen die Gefühlsäußerungen nach. Wenn die Prinzessin bzw. der Prinz keine Lust mehr hat, gibt sie/er die Krone an das nächste Kind weiter (Spielidee: vgl. Portmann, 2017, S. 35).

Die Zauberluft

Material: eine Flasche mit Korkenverschluss (evtl. mit Gold verziert)

Organisationsform: Sitzkreis

Die Spielleitung zeigt den Kindern die Flasche. Sie öffnet diese geheimnisvoll. Imaginäre Zauberluft strömt heraus, die die Spielleitung sofort mit ihren Händen einfängt. Dazu spricht sie folgendes Gedicht:

Aus der Flasche strömt die Luft,
umgibt uns nun mit Zauberduft!

Seht nur her – wir fangen an,
schaut, was die Luft so alles kann!

Aus der Zauberluft formt die Spielleitung einen imaginären Ball und wirft ihn einem Kind zu. Dieses fängt den Zauberball und wirft oder rollt ihn zu einem anderen Kind im Kreis. Aus der Zauberluft können Tiere, Gegenstände oder Menschen geformt werden. Nach einiger Zeit kommt die Zauberluft wieder in die Glasflasche zurück (Spielidee: vgl. Veiter, o. J.).

Die zornige Lotta

Material: keines

Organisationsform: freie Aufstellung im Raum

Die Spielleitung fragt ein Kind: *Hast du die zornige Lotta gesehen?* Antwortet das Kind mit Ja, dann fragt sie weiter: *Und was hat Lotta gemacht?* Das Kind antwortet: *So hat sie gemacht*, und zeigt eine Bewegung: Lotta kann z. B. stampfen, trampeln, in die Luft boxen, knurren, fauchen, brüllen wie ein Löwe, die Zähne fletschen, die Zunge zeigen etc. Alles, was die zornige Lotta machte, imitiert die ganze Gruppe. Auf ein vereinbartes Handzeichen der Spielleitung werden die Kinder wieder still und eine neue Spielrunde beginnt. Ein Kind kann auf die Frage, ob es die zornige Lotta gesehen hat, auch mit Nein antworten und somit keine Bewegungen vormachen (Spielidee: vgl. Krammer, o. J.).

Personen raten

Material: keines

Organisationsform: Sitzkreis

Die Kinder müssen sich bereits gut kennen. Ein Kind beginnt und stellt sich in die Mitte des Kreises. Nun erzählt es in der Ich-Form von einem anderen Kind in der Gruppe, z. B.: „Ich habe heute ein Spielzeugauto mitgebracht, meine Freundin heißt Isabel und ich esse gerne Kirschen." Die Kinder erraten, wer gemeint ist.

Geheimnisvolle Dinge

Material: zufällige Dinge, die am Weg liegen

Organisationsform: paarweise

Ein Kind hat die Augen geschlossen, das andere führt es durch den Raum/ Garten. Das Kind, das führt, präsentiert dem anderen zwei bis drei Gegenstände, die sich auf ihrem Weg befinden, z. B. einen interessanten Stein, eine Wurzel, einen Spielgegenstand, einen Baumstamm. Das ‚blinde' Kind erkundet den Gegenstand mit seinen Sinnen (tasten, riechen). Anschließend gehen die beiden Kinder zum Ausgangsort zurück. Nun geht das bisher blinde Kind mit geöffneten Augen auf die Suche nach den geheimnisvollen Dingen. Danach werden die Rollen getauscht (Spielidee: vgl. Stamer-Brandt, 2003, S. 59).

Trommel-Session

Material: verschiedene Trommeln, Gefühlskarten

Organisationsform: Halbkreis

Alle Kinder trommeln nach Lust und Laune auf ihren Trommeln. Auf ein von der Spielleitung festgelegtes Handzeichen hören die Kinder auf, zu trommeln. Im Raum ist es nun ganz still. Die Spielleitung macht den Kindern die Stille bewusst. Alle genießen diese gemeinsam, bevor wieder eine neue Trommelsession einsetzt.

Variante 1: Ein Kind beginnt, zu trommeln, stoppt dann, ein anderes Kind antwortet mit seinen Trommelschlägen.

Variante 2: Die Spielleitung zeigt den Kindern verschiedene Gefühlskarten und lässt sie frei diese Gefühle trommeln. Es ist erstaunlich, wie feinfühlig und mit wie viel Gespür die Kinder die Gefühle auf der Trommel darstellen können.

BUCHEMPFEHLUNGEN

Kathrin Schärer
Da sein – Was fühlst du?
Hanser Verlag, 2021
ISBN: 978-3-446-26956-9

Neele, Marta Balmaseda
Ich mag dich – einfach so!
Arena Verlag, 2020
ISBN: 978-3-4017-1298-7

Lorenz Pauli, Kathrin Schärer
Das Beste überhaupt – Meerschwein sein
Atlantis Verlag, 2013
ISBN: 978-3-7152-0666-0

3.2.3 Dritte Grundmotivation: Selbstsein-Dürfen – Selbstbezug

Meine Kleepflanze

Der Klee wächst und gedeiht, wie es ihm gefällt. Die dritte Grundmotivation wird bei meiner Kleepflanze durch die Kleeblätter symbolisiert. Ob dreiblättrig oder vierblättrig, jedes einzelne Kleeblatt ist einzigartig und unverwechselbar. ***Ich bin ich!*** *Dieses Bewusstsein stärkt* ***den Selbstwert****.*

Die Voraussetzungen dafür, dass Kinder erkennen, dass sie einzigartig und unverwechselbar sind, sind **Beachtung, Gerechtigkeit und Wertschätzung:**

- **Beachtung** erfährt das Kind, wenn wir es in seiner Einzigartigkeit und Unverwechselbarkeit wahrnehmen und ganz bei ihm sind. Wir erfassen seine Gefühle, seine Meinung, seine Ideen und seine Gedanken. Das Kind erhält Aufmerksamkeit, Rücksichtnahme, Feedback und Information über sich selbst. Das Kind wird gesehen und anerkannt.

  Sprechen wir das Kind in seiner Person an:
  - Wie geht es dir?
  - Wie geht es dir in dieser Sache?
  - Was ist für dich wertvoll?

  Das Kind kann sich in unterschiedlichen kreativ-gestalterischen Elementen ausleben und so sein Eigen-Sein ausdrücken.

- **Gerechtigkeit** spürt das Kind, wenn es in seinem Eigen-Sein respektiert wird. Lassen wir es möglichst frei und eigenständig am Alltag partizipieren, seine Lernprozesse gestalten und seinen Stärken und Vorlieben nachgehen. Dadurch erfährt sich das Kind als autonome Person, die ihr Leben mit all ihrer Individualität und Personalität selbst gestalten kann. Das Kind möchte nicht nur *da* sein dürfen und wertgeschätzt werden, sondern es möchte *so* sein dürfen, wie es ist.
- **Wertschätzung** ist eine Grundhaltung des respektvollen Annehmens – sich selbst und anderen gegenüber. Einbeziehen, nicht Ausgrenzen des anderen, ist bedeutsam. Wertschätzung heißt, das Kind in seiner Potenzialität zu sehen und es darin zu fördern. Schauen wir beim Kind auf das, was wir an ihm schätzen können und sagen wir das auch. Respektvoll dem Kind gegenüber zu sein, heißt, es in seiner Person zu beachten, das Eigene in der Person des Kindes sehen, das Kind wertzuschätzen.
  - Es interessiert mich, was du mir erzählst!
  - Was du sagst, ist mir sehr wichtig.
  - Es beeindruckt mich, wie du damit umgehst.
  - Ich bin schon gespannt, wie du das machen wirst (vgl. Längle & Bürgi, 2014, S. 121).

Zu wissen, man darf so sein, wie man ist, ist für die Entwicklung des Selbstwerts ausschlaggebend. Das Kind fühlt den Wert der eigenen Person. Dies geschieht auf Grundlage personaler Begegnung. Um sich selbst so zu nehmen, wie man ist, braucht es einerseits die Zustimmung von anderen, andererseits das eigene, innere Einverständnis. Wertschätzung ist eine wesentliche Stütze des Selbstwerts. Eine wertschätzende Haltung dem Kind gegenüber bestärkt das Kind in seiner Einzigartigkeit und Einmaligkeit (vgl. Waibel & Wurzrainer, 2016, S. 68–71).

Kinder stärken und begleiten: Ich bin ich!

STÄRKUNG DES SELBSTWERTS – SPIELIMPULSE

Meine Stärken

Material: Stifte, für jedes Kind: 1 großer Bogen Packpapier

Organisationsform: auf dem Boden sitzend, viel Platz

Je ein Kind legt sich auf seinen Bogen Packpapier, ein anderes Kind zeichnet seine Körperumrisse nach. An jedes Körperteil werden nun die eigenen Fähigkeiten und Stärken mithilfe der Spielleitung geschrieben oder selbst gemalt.

Mit meinen Füßen kann ich besonders gut …
Mit meinen Händen …
Mit meinem Kopf …
Mit dem Herzen …

Dieses persönliche Stärken-Bild kann immer wieder ergänzt werden (Spielidee: vgl. Langlotz & Bingel, 2008, S. 84).

Das war spitze!

Material: keines

Jedes Kind kann auf sich selbst stolz sein, weil es schon viel in seinem Leben gelernt und gemacht hat. Die Spielleitung fragt jeweils ein Kind: *Wenn du an gestern (letzte Woche, ans Wochenende) denkst, worauf bist du stolz?* Die Kinder antworten der Reihe nach, z. B.: „Ich bin stolz, dass ich alleine Brot beim Bäcker eingekauft habe“ oder „Ich bin stolz, dass ich Papa beim Autoreifenwechseln helfen konnte“.

Kein Kind muss etwas sagen. Hilfreich ist es, wenn auch die Spielleitung erzählt, worauf sie stolz ist. Es fällt nicht leicht, sich selbst zu loben. Meist werden zuerst Dinge genannt, die nicht so gut gelingen. Darum ist es bedeutsam, dass bereits Kita-Kinder darin bestärkt werden, Positives an sich selbst zu erkennen (Spielidee: vgl. Portmann, 2017, S. 46).

Ich bin ein Baum

Material: keines

Organisationsform: Stehkreis

Ein Kind geht in die Kreismitte und beginnt das Spiel, indem es sagt: *Ich bin ein Baum.* Das Kind streckt dabei die Arme aus, als seien sie Äste. Die anderen Kinder denken sich Tiere, Gegenstände oder Personen aus, von denen sie glauben, dass sie gut zum Baum in der Mitte passen. Zwei andere Kinder nehmen nun die Plätze links und rechts ein und stellen vor, was sie sich überlegt haben, z. B. „Ich bin ein Vogel", „Ich bin ein Blatt".

Das Kind in der Mitte wählt nun das aus, was seiner Meinung nach besser zu ihm passt, und verlässt mit diesem Kind und den Worten die Mitte: *Ich bin ein Baum und nehme (z. B.) das Blatt mit.* Das Kind, das nun übrig ist, stellt sich noch einmal mit den Worten *Ich bin ein Vogel!* vor, womit eine nächste Runde beginnt.

Das Spiel fordert Übung, ist sehr humorvoll und kann sich in jede nur erdenkliche Richtung fügen.

Drei Würfe

Material: pro Kind: 1 Ball, 1 Eimer

Organisationsform: stehend rund um einen Eimer

Die Aufgabe der Kinder ist es, einen Ball in einen Eimer zu werfen. Innerhalb eines vorgegebenen Bereiches können die Kinder frei wählen, von wo sie werfen wollen. Die Kinder schätzen selbst ab, wie weit sie werfen können und was sie sich selbst zutrauen. Sie setzen sich ihr eigenes Ziel. Nun ist es wichtig, dass die Kinder treffen. Pro Spielrunde haben die Kinder je drei Würfe. Nach jeder Spielrunde wird die Entfernung zum Eimer vergrößert. Ziel ist, dass sich die Kinder etwas zutrauen, auch wenn sie einmal nicht treffen (Spielidee: vgl. Portmann, 2017, S. 40).

Gordischer Knoten (Problem lösen)

Material: keines

Alle Kinder stehen dicht beieinander, schließen die Augen, strecken die Arme aus und erfassen mit ihren Händen je eine Hand eines anderen Kindes. Nun versuchen die Kinder, diesen wirren Knoten zu lösen, ohne dabei die Hände loszulassen. Am Ende entsteht eine geschlossene Menschenkette.

Ich – Ich nicht

Material: zwei Plakate

Vorbereitung: Die Spielleitung gestaltet zwei Plakate: Auf einem sind eine Figur und das Wort ICH abgebildet, auf dem anderen ist die gleiche Figur jedoch durchgestrichen und die Worte ICH NICHT stehen daneben. Die Plakate werden mit großem Abstand im Raum auf den Boden gelegt.

Organisationsform: freie Aufstellung im Raum

Die Spielleitung stellt den Kindern Fragen, die sie persönlich betreffen, z. B.: Wer hat eine Katze zu Hause? Wer spielt ein Instrument? Wer hat einen Bruder? Wer spricht zwei Sprachen? Usw. Die Kinder laufen zu den Plakaten, je nachdem, welche Antwort zutrifft.

Variante: Die Kinder können sich selbst Fragen überlegen, die sie an die Gruppe stellen (Spielidee: vgl. Mittelberger et al., 2018, S. 153/154).

BUCHEMPFEHLUNGEN

Mira Lobe, Susi Weigel
Das kleine ICH bin ICH
Jungbrunnen Verlag, 1972
ISBN: 978-3-7026-4850-3

Birgitta Sif
Frieda tanzt
Aladin Verlag, 2014
ISBN: 978-3-8489-0084-8

3.2.4 Vierte Grundmotivation: Handeln-Sollen – sinnvolles Tun

Meine Kleepflanze

*Die Pflanze trägt nun viele Blütenköpfchen. Diese bestehen aus 40 bis 80 Blüten. Wofür lebt meine Pflanze? Die Bienen freuen sich über die Blüten. Vierblättrige Kleeblätter haben den Ruf, der findenden Person Glück zu bringen. In der vierten Grundmotivation geht es um den **persönlichen Sinn im Leben**.*

Sinnerleben und innere Erfüllung finden wir in **Tätigkeitsfeldern**, **Kontext** (Familie, Schule usw.) und **Zukunftsideen.** Eine Aufgabe im Leben zu haben, ist wegweisend. Das führt zu persönlichem Sinn, zu persönlichen Werten. Es braucht den Willen zum Sinn, der zum Handeln motiviert (vgl. Waibel & Wurzrainer, 2016, S. 75–77).

Lassen wir das Kind aktiv am Geschehen partizipieren.

- Was ist heute zu tun?
- Was fordert der Tag, die Situation?
- Für wen oder was will ich mich einsetzen?

- **Tätigkeitsfelder** geben dem Kind die Chance, sich im Alltag partizipativ und kreativ einzubringen. Bereiten wir die Umgebung so vor, dass das Kind von sich aus neugierig wird und Interesse zeigt. Das Kind erfährt, dass es sich im Hier und Jetzt einbringen kann. Das Kind benötigt die Sicherheit, dass es gebraucht wird, dass es etwas tun kann.
- **Ein Kontext** ist für das Kind wesentlich, um zu erkennen, in welchem Zusammenhang sein Tun steht. Ist diese Erkenntnis vorhanden, lohnt es sich, dafür zu arbeiten. Geben wir dem Kind beispielsweise Samenkörner, damit es diese im Garten ausstreuen kann. Erklären wir den Kontext: „Du streust Samen aus, damit Blumen wachsen. Viele Insekten erfreuen sich an den blühenden Blumen. Die Blumen sichern die Zukunft der Bienen. Bienen sind für das Bestehen des ökologischen Systems notwendig."
- **Zukunftsideen** müssen wertvoll sein. Spürt das Kind den Wert und Sinn einer Sache deutlich, so wird es sich auf diese Sache einlassen und auch dranbleiben.

Achten wir in der Arbeit mit Kindern darauf, Impulse zu setzen, die die Kinder innerlich berühren. Daraus entstehen Werte für Kinder, die sie verwirklichen wollen. Können sich Kinder für verschiedenste Dinge begeistern, dann sind sie bereit, für ihr Tun Verantwortung zu übernehmen. Sie können Ideen weiterentwickeln, werden kreativ und schöpferisch tätig. In der Kita bedeutet das, den Kindern **selbstbestimmtes Arbeiten nach eigenen Wertigkeiten** zu ermöglichen. Dabei lernen die Kinder, durchzuhalten und bei Schwierigkeiten dranzubleiben. Sie verspüren Glück und kommen in den sogenannten Flow. Begeistern wir Kinder **für Kunst und Natur**, lassen wir sie **sensorische Erfahrungen** machen und fördern wir damit die **Genussfähigkeit.** Ermöglichen wir ein **Gemeinschaftserleben**, wo Kinder gut miteinander sprechen und Konflikte lösen können. Vermitteln wir Kindern, dass es im Leben auch schwierige Situationen gibt. Üben wir mit ihnen **Ausdauer und Durchhaltevermögen**.

Kinder stärken und begleiten: Wofür bin ich da?

SINNVOLLE LEBENSGESTALTUNG UND WERTEVERWIRKLICHUNG – SPIELIMPULSE

Das weiß ich!

Material: 1 Gesprächsstein, je 1 Foto von einer Person, einem Haus, einer Kita, einem Baum

Organisationsform: Stuhlkreis

Wer den Gesprächsstein in der Hand hält, darf erzählen und anschließend den Stein an ein anderes Kind weitergeben. Bereits junge Kinder übernehmen für ihr Tun Verantwortung. Überlegen Sie gemeinsam mit den Kindern, wo jedes einzelne Kind Verantwortung übernimmt: Hierzu legen Sie vier Bilder aus, als Repräsentanten für je einen Bereich.
Bild einer Person: Was muss ich für meinen Körper tun? (Zähne putzen, auf eine gesunde Ernährung achten, duschen, mich bewegen, schlafen usw.)
Bild eines Hauses: Was muss ich zu Hause machen? Wofür bin ich zu Hause verantwortlich? (Zimmer aufräumen, Mama und Papa helfen, die Katze füttern usw.)

Bild einer Kita: Wofür bin ich in der Kita verantwortlich? (Schuhe ordentlich hinstellen, Teller für die Mahlzeiten holen und wieder gereinigt aufräumen, Spielzeug sortieren, den jüngeren Kindern helfen usw.)
Bild eines Baumes: Welche Verantwortung habe ich gegenüber der Natur? (Müll trennen, Strom sparen und Licht abschalten, das Wasser nicht rinnen lassen usw.) (Spielidee: vgl. Mittelberger et al., 2018, S. 189/190)

Das Huhn und der Fuchs

Material: 1 Papierfeder, 1 rotes Tuch

Organisationsform: freie Aufstellung im Raum

Ein Kind ist der Fuchs und bindet sich das rote Tuch um ein Körperteil. Ein anderes Kind wird zum schwächsten Huhn ernannt. Es erhält eine Feder, die es in der Hand hält. Alle anderen Kinder sind Hühner, die die Aufgabe haben, das schwache Huhn vor dem Fuchs zu beschützen. Nun versucht der Fuchs, das schwache Huhn zu fangen. Das ist nicht leicht, denn alle anderen Hühner passen sehr gut auf das schwache Huhn auf. Wird das Huhn vom Fuchs erwischt, wird ein neuer Fuchs und ein neues schwaches Huhn ernannt (Spielidee: vgl. Mittelberger et al., 2018, S. 196/197).

Die Architekten

Material: Bausteine, Alltagsmaterialien (z.B. leere Schachteln, Dosen, Küchenrollen, Becher)

Organisationsform: Gruppen mit max. vier Kindern

Jedes Team baut mit zahlreichen Bausteinen einen sehr hohen Turm. Alle Teammitglieder arbeiten mit. Die nächste Aufgabe ist es nun, einen Zwillingsturm zu errichten, der die gleiche Höhe hat wie der erste Turm. Der zweite Turm wird mit Alltagsmaterialien, die die Kinder im Raum finden, gebaut. Hier ist es eine gute Absprache bedeutsam. Gemeinsam werden die Bauwerke begutachtet und ein Architektenteam prämiert (Spielidee: vgl. Erkert, 2013, S. 36).

Ich werde Baumeister

Material: Papier und Stifte

Organisationsform: zu Beginn auf Stühlen um Tische, dann Stuhlkreis

Die Kinder überlegen sich, was ihr Traumberuf ist, und zeichnen diesen auf ein Blatt. Im Stuhlkreis werden die Bilder besprochen:

Reihum erzählen die Kinder, die möchten: Was ist so großartig an diesem Beruf? Glaubst du, dass du das schaffst? Was muss man für diesen Beruf alles lernen? Was kannst du schon? Kennst du jemanden, der in diesem Beruf arbeitet?

Eventuell können Sie Möglichkeiten schaffen, Menschen in den von den Kindern genannten Berufen zu besuchen oder Personen einzuladen (Spielidee: vgl. Portmann, 2013, S. 14).

Ein Kunstwerk mit meinen Füßen

Material: 1 große Plane zum Abdecken des Bodens, 1 großformatiges weißes Papier, verschiedene Pinsel (dicke und dünne Haarpinsel, Borstenpinsel usw.), Auswahl an Fingerfarben, Malerkreppband

Für jedes Kind: 1 großes Blatt Papier, 1 Stuhl

Vorbereitung: Legen Sie den Boden mit Plane aus. Jedes Kind befestigt sein Blatt Papier mit einem Malerkreppband auf der Plane.

Organisationsform: Stühle, großzügig verteilt im Raum

Barfuß klemmen sich die Kinder einen Pinsel zwischen die Zehen und tauchen diesen in eine Farbe ein. Anfangs ist es für die Kinder leichter, wenn sie auf einem Stuhl sitzen und das Blatt vor ihren Füßen liegt. Erste Malversuche entstehen. Bestaunen Sie die Kunstwerke der Kinder, denn das Malen mit Füßen ist eine große Herausforderung.

Das Waldmuseum

Material: Für jedes Kind: alte Bilderrahmen ohne Glas in verschiedenen Größen (z. B. Flohmarkt, Kellerfunde)

Gemeinsam mit den Kindern gestaltet die Spielleitung ein Waldmuseum. Bei einem Ausflug in die Natur erhält jedes Kind einen Bilderrahmen. Die Aufgabe der Kinder ist es, die Natur achtsam wahrzunehmen. Jedes noch so kleine Detail ist wichtig. Die Kinder legen ihren Rahmen auf den Waldboden und betrachten den Ausschnitt in der Einfassung genau: Was entdecken sie? Was ist besonders?

Variante: Die Kinder suchen Naturmaterialien und legen Bilder in den Rahmen (Zweige, Zapfen, leere Schneckenhäuser, Blätter, Blüten). Nun ist ein Waldmuseum entstanden. Die Kunstwerke werden gegenseitig betrachtet und bestaunt.

BUCHEMPFEHLUNGEN

Oliver Jeffers
Hier sind wir. Anleitung zum Leben auf der Erde
NordSüd Verlag, 2019
ISBN: 978-3-3141-0453-4

Kobi Yamada, Mae Besom
Was macht man mit einer Idee?
Adrian Verlag, 2017
ISBN: 978-3942491-96-9

Rachel Bright, Jim Field
Der Löwe in dir
Magellan Verlag, 2016
ISBN: 978-37348-2021-2

3.3 Ein wertvolles Miteinander in der Kita

Es gibt zahlreiche Momente im pädagogischen Alltag, in denen ein intensiver Austausch zwischen uns und dem einzelnen Kind stattfindet. Begrüßungs- und Abschiedsrituale, Mahlzeiten, Pflege- und Spielsituationen, Ausflüge, Projekte und Aufräumzeit sind Gelegenheiten, die wir nutzen müssen, gemeinsam mit dem Kind zu sprechen, zu lachen, uns gegenseitig zu beobachten und herauszufordern und voneinander zu lernen.

3.3.1 Begegnung und Beziehung

In der werte- und sinnorientierten Pädagogik bilden Beziehung und Begegnung das **Fundament gelebter Interaktion.**

Die Frage, die sich stellt, lautet: Wie kann Beziehung gestaltet werden, um Kinder zu stärken und um ihre frühkindlichen Bildungsprozesse zu unterstützen?

Die Aufgabe der Bezugsperson in der Kita

Unsere Aufgabe als Fachkräfte ist es, die Signale emotionaler Stimmungen zu erkennen, die Bedürfnisse, Interessen und Kompetenzen der einzelnen Kinder wahrzunehmen und wertfrei jedes Kind zu sehen.

Beispiel Flora

Flora, 5 Jahre, kommt angerannt und ruft uns zu: „Komm, schnell, ich will dir was zeigen!" Flora ist aufgeregt, den Grund dafür wissen wir noch nicht. Sie möchte uns unbedingt etwas mitteilen, etwas ...

- → *das Flora entdeckt hat,*
- → *das ihr besonders wichtig ist,*
- → *das Floras Interesse geweckt hat oder*
- → *das ihr auf der Seele brennt.*

Das Entscheidende in diesem Moment ist nun unsere Reaktion: Nehmen wir uns Zeit, um Flora aufmerksam zuzuhören? Sind wir interessiert daran, Flora zu begleiten? Spürt Flora, dass ihr Anliegen uns bedeutsam ist?

Oder:

Haben wir gerade keine Zeit? Geben wir nur eine knappe Antwort? Reagieren wir gar nicht auf die Situation? Wenden wir uns einer anderen Sache zu?

Dies ist ein besonderer Augenblick, in dem wir **Bildungsprozesse** entscheidend beeinflussen können. Die **Gestaltung von Beziehung und Begegnung** bilden die Basis für Lern- und Bildungsprozesse bei Kindern und stärken Kinder in ihrem Selbstwert und in ihrem Vertrauen in sich selbst und ihren Fähigkeiten.

Durch feinfühliges und achtsames Reagieren auf Flora wird sie ihre Emotionen äußern, interessiert bei der Sache bleiben und ihre Gedankengänge weiterentwickeln. Nehmen wir hierbei eine beobachtende Haltung ein und lassen wir Flora viel Freiraum. So kann sie den Interaktionsverlauf weitgehend selbst bestimmen und sich weiterhin mitteilen.

Beziehungsgestaltung durch nonverbale Kommunikation

Beziehungsgestaltung benötigt nicht immer gesprochene Worte. Sinn- und Werteorientierung findet sich ebenso in der nonverbalen Kommunikation wieder. Geben wir dem Kind eine Rückmeldung, indem wir seine suchenden, interessierten, freudigen Blicke achtsam aufnehmen und erwidern. Lassen wir die eingeforderte Nähe zu.

Eine stabile Bindung, die auf Vertrauen und Sicherheit aufbaut, ist die Voraussetzung für eine gut funktionierende Interaktion und Kommunikation.

Nonverbale Beziehungsgestaltung:

- Abwarten und beobachten
- Ruhig, gelassen und geduldig bleiben
- Dem Drang widerstehen, zu intervenieren
- Interesse zeigen durch Mimik und Gestik, durch Lächeln und Nicken
- Sich Zurücknehmen und dem Tempo des Kindes anpassen

Mit dieser Einstellung und Haltung sind wir **verlässliche Ansprechpartner/-innen**, wenn sich Kinder an uns richten. Wir lernen, die Kinder differenzierter wahrzunehmen, und wir erkennen die Beweggründe für das Tun und Handeln der Kinder.

Um bewusst Beziehung und Begegnung im Sinne der Werte- und Sinnorientierung spürbar zu machen, stellen wir uns folgende Fragen und fokussieren uns auf **das Wie der Interaktion**:

- Sind wir interessiert an dem, was uns das Kind erzählt oder zeigt?
- Sind wir offen, wertschätzend, respektvoll?
- Agieren wir auf Augenhöhe?
- Lassen wir uns auf das Gegenüber ein?
- Haben wir Zeit? Sind wir präsent oder schweifen die Gedanken ab?
- Sind wir ruhig und geduldig?
- Können Emotionen und Stimmungen authentisch gelebt werden?
- Haben wir Freude am Austausch?
- Lassen wir genügend Freiraum?
- Kann uns die Begeisterung des Gegenübers anstecken?

BUCHEMPFEHLUNGEN

Lorenz Pauli, Kathrin Schärer
nur wir alle
Atlantis Verlag, 2012
ISBN: 978-3-7152-0642-4

Daniela Kunkel
Das kleine WIR
Carlsen Verlag, 2016
ISBN: 978-3-551-51874-3

Kerstin Schoene
Ein Haufen Freunde hält zusammen
Thienemann-Esslinger Verlag, 2019
ISBN: 978-3-5224-5817-7

3.3.2 Mit Kindern im Dialog sein

Das Wort **Dialog** setzt sich aus zwei griechischen Wortwurzeln zusammen: *Dia* und *Logos* und bedeutet das Fließen von Sinn. Wertvolles passiert im Dialog. Nicht jedes Gespräch ist ein Dialog. Oft diskutiert man über eine Lächerlichkeit, man zerredet sich oder man hört sich eigentlich gar nicht zu.

Was macht einen echten Dialog aus?

- Es braucht **Raum** und **Zeit**, sich auf den Dialog einzulassen.
- Es entsteht eine für alle Beteiligten fühlbare **gute Atmosphäre**.
- Es ist bedeutsam, herauszufinden, welche **Werte** dem Gegenüber wichtig sind und welche **Bedürfnisse, Interessen** und **Erwartungen** mein Gegenüber hat.

In einen wertschätzenden Dialog treten

Wer von uns führt nicht gern wertvolle Gespräche, freut sich auf einen Austausch mit Freundinnen und Freunden? Gute Gespräche basieren auf **Vertrauen, Wertschätzung** und **Respekt füreinander**. Ein gutes Gespräch gibt allen Gesprächspartnerinnen und Gesprächspartnern die Sicherheit, dass sich niemand verstellen muss, dass alle so sein können, wie sie eben sind. Die Gedanken und Sichtweisen werden nicht kritisiert, eventuell jedoch diskutiert. Es verlangt keine Rechtfertigungen.

Mit Kindern in einen Dialog zu treten, ist spannend, bringt uns zum **Staunen** und zum **Nachdenken** und eröffnet uns und dem Kind **Unvorhersehbares, Überraschendes** sowie oft **Wunderbares**, auf das wir uns in **gleichwürdiger Weise** einlassen sollen. Dialoge entwickeln sich oft aus der Situation heraus und entstehen im **Hier und Jetzt**. Alltagsgespräche können zu wertvollen Dialogen werden.

Gleichwürdige Dialoge mit Kindern sind wegweisend. Kinder fühlen sich verstanden und angenommen. Schüchterne und zurückhaltende Kinder gehen aus sich heraus und gestalten den dialogischen Austausch aktiv mit. Kinder sind sehr sensibel und kompetent. Sie spüren sofort, ob z. B. eine Frage aus echtem Interesse gestellt wird, oder ob es sich um eine Routinefrage handelt. Kinder sind wissbegierig und können sich auf ihre Dialogpartnerinnen und Dialogpartner sehr gut einlassen.

Die Kommunikation in einem echten Dialog ist ein **Wechselspiel** zwischen gleichwürdigen Partnerinnen und Partnern und ein **Miteinander-Sprechen** und **Einander-Zuhören**. Die Haltung beider Adressaten ist **ergebnisoffen**.

Gelingensbedingungen für einen wertschätzenden Dialog

Welche Grundhaltung nehmen wir als pädagogische Fachkräfte ein?

- Wir lassen uns **bewusst** auf ein Gespräch mit Kindern ein.
- Wir lassen uns **verzaubern** von den Gedanken, Ideen und Sichtweisen der Kinder.
- Wir entscheiden uns ausdrücklich, alles Ablenkende auszublenden, um uns ganz auf den Dialog zu konzentrieren.
- Wir **staunen** über die Erkenntnisse, die wir im Dialog über das Kind und über uns selbst wahrnehmen.
- Wir sind **präsent** und nutzen die Zeit für diesen zentralen Moment des Dialogs.
- Wir **akzeptieren** das Kind in seiner Eigenart, seiner Autonomie und Einmaligkeit.

Welche methodischen Überlegungen lenken einen wertvollen Dialog?

- Wir **moderieren** das Gespräch. Der Dialog ist **keine Diskussion**, keine Verhandlung und kein Interview, in dem das Kind stets nur auf unsere Fragen antworten kann.
- Wir übernehmen nicht die Gesprächsführung oder lenken Gespräche in eine bestimmte Richtung.
- Wir **verlassen** die bevormundende, allwissende und belehrende Rolle.
- Wir gehen auf **Augenhöhe** des Kindes. Unsere Körperhaltung ist dem Kind zugewandt.
- Wir zeigen ein **wahres, authentisches Interesse** am Kind. Was ist diesem Kind jetzt gerade wesentlich?
- Wir sind offen und empathisch.
- Wir sprechen klar und verständlich. Wir verwenden kurze Sätze und bekannte Wörter.
- Wir stellen **offene Fragen** und machen uns auf einen gemeinsamen Weg für Neues. Anregende Fragen helfen Kindern, selbstständig nach Lösungen zu suchen, regen die Fantasie an und verlangen keine vorgefertigte Antwort.
- Wir motivieren das Kind, zu spekulieren: „Stell dir einmal vor, …", „Was wäre, wenn …?".

- Wir führen das Kind zu einer **forschenden Haltung:** „Was denkst du, warum ...?"
- Wir sind uns bewusst, dass eine Frage viele Antworten haben kann und nicht jede Frage beantwortet werden muss.
- Wir lassen dem Kind **Zeit**, nachzudenken und auszusprechen.
- Wir helfen dem Kind, seine persönlichen Einsichten und Standpunkte zu formulieren, indem wir das Gehörte in eigenen Worten spiegeln.
- Wir achten auf Signale wie **Gesichtsausdruck, Handgesten** sowie **Körperhaltung** des Kindes.
- Wir hören aktiv zu und geben **bestätigendes Feedback.**
- Wir würdigen die Fragen des Kindes: „Ja, das ist eine gute Frage. Da muss ich jetzt darüber nachdenken."
- Wir sprechen in Ich-Sätzen und zeigen unsere Gefühle.
- Wir stellen eigene Vermutungen auf: „Ich könnte mir vorstellen, dass...", „Ich vermute, dass ..."
- Wir bewerten keine Aussagen des Kindes.

BUCHEMPFEHLUNG

Heinz Janisch, Silke Leffler
Ich habe ein kleines Problem, sagte der Bär
Annette Betz im Ueberreuter Verlag, 2012
ISBN: 978-3-2191-1511-6

4 Herausforderungen im Kita-Alltag

Pädagogische Fachkräfte in Kindertagesstätten stehen unterschiedlichsten Wirkungsfeldern, Ansprüchen und Anliegen gegenüber. Trotz aller Herausforderungen und Schwierigkeiten geben viele Fachkräfte tagtäglich ihr Bestes, um die ihnen anvertrauten Kinder zu stärken, ihnen Zuversicht für die Zukunft zu vermitteln und sie mit Geduld und Einfühlsamkeit in ein eigenständiges Leben zu begleiten. In diesem Kapitel werden Einblicke in **werte- und sinnorientierte Erziehung** gegeben, die **Notwendigkeit, Grenzen zu setzen,** erläutert und u. a. ein Blick darauf ermöglicht, wie wichtig ein gutes **Konfliktmanagement** und Strategien wie **Ermutigung, Feedback** und **Wiedergutmachung** sind. Eine angemessene **Fehlerkultur** erleichtert ebenso unsere pädagogische Arbeit wie das Zulassen von **Langeweile**.

4.1 Erziehung aus werte- und sinnorientierter Sicht

Kinder zu „er-ziehen" bedeutet nicht, sie in eine Richtung zu zerren und zu lenken oder sie nach den Bildern und Vorstellungen der Erziehenden zu formen. Erziehung in der werte- und sinnorientierten Pädagogik meint, Kinder feinfühlig auf ihrem Weg in ein eigenständiges, selbstbestimmtes Leben in Freiheit und Verantwortung zu begleiten und zu unterstützen. Wir sind dabei **Entwicklungs- und Entfaltungshelfende.** Wir verfügen nicht über Kinder, das würde ihre Würde verletzen. Wir orientieren uns an der Person der Kinder und

nicht an allgemeinen Theorien. Unsere Verantwortung ist es, die Umgebung so zu schaffen, dass sich Kinder **zu gesunden Persönlichkeiten** entwickeln können und ihre **Selbstentfaltungspotenziale** gestärkt werden. Im Erziehungsprozess findet immer eine Wechselwirkung zwischen der Person des Kindes und der erziehenden Person statt. Was in diesem Prozess geschieht, ist abhängig von den Gefühlen, von der Motivation der beteiligten Personen sowie von deren Authentizität und Lebendigkeit (vgl. Waibel, 2017, S. 161).

4.1.1 Selbstbestimmte Erziehung

Erziehung aus werte- und sinnorientierter Sicht ist nicht Folgsamkeit und Anpassung. Nein, Erziehung ist die Aufforderung an die Kinder, ihr Leben selbstbestimmt in die Hand zu nehmen. Kinder sind willensstarke Persönlichkeiten und haben **ein Recht auf Selbstbestimmung**. Im Erziehungsprozess nehmen wir die Gedanken und Gefühle der Kinder wahr und fordern sie **durch Fragen zur personalen Stellungnahme** auf:

- Wie siehst du das?
- Wie geht es dir (jetzt) damit?
- Was sagt dir das? Ist das gut so für dich?
- Was bringt dich auf diese Idee?
- Warum hast du es (nicht) gemacht?
- Was hat dich gehindert? Was hättest du gebraucht?
- Was hätte dir geholfen?

Die Person des Kindes ist angesprochen und angefragt. Das Kind hat Entscheidungsmöglichkeiten und wird aufgefordert, in Freiheit und Verantwortung eine personale Antwort zu geben (vgl. Waibel, 2018, S. 8).

Waibel benennt **wesentliche Charakteristika von Erziehung**:

- „In der Erziehung sind immer mindestens zwei Personen beteiligt.
- Darin gestalten und entwickeln sich die beteiligten Personen.
- Von der Qualität der Beziehung hängt Erziehung wesentlich ab.
- Man kann nicht *nicht* erziehen […]
- Mach-, Plan- und Voraussagbarkeit von Erziehung sind beschränkt.

- Erziehung widersetzt sich Wissens- und Rezeptanwendungen" (Waibel, 2017, S. 176).

Grenzen setzen in der Kita-Praxis

Was Kinder in der Auseinandersetzung mit uns, sprich in der Erziehung, auf- und annehmen und davon umsetzen, liegt nicht in unseren Händen.

Werte- und sinnorientierte Erziehung heißt nicht, dass wir den Kindern alles durchgehen lassen. Die Kinder und ebenso die Erwachsenen bringen sich mit ihren Werten, Ideen und Vorschlägen in den Erziehungsprozess mit ein. Bei den Erwachsenen kommt noch ihre Erfahrung hinzu. Unsere Aufgabe als erziehende Person ist es vorerst, die Kinder zu beschützen, ihnen Halt zu geben und ihnen Grenzen aufzuzeigen, damit sich die Kinder daran orientieren können. Die pädagogische Fachkraft wird in dem Moment, in dem verschiedene Werte aufeinandertreffen oder wenn Grenzen überschritten werden, zu **einer Gegenspielerin bzw. einem Gegenspieler**, mit der/dem sich das Kind auseinandersetzen muss. In solchen **Momenten des Aneinanderreibens** sind **Wachstum, Entwicklung und die Entfaltung der Person** möglich. Ein **klar begründetes Nein,** dort wo Gefahr in Verzug ist, **gibt Orientierung, Halt und Schutz**. Solche Grenzen sind begründet, verlässlich und dauerhaft und werden von den Kindern als sinnvoll angesehen. Das Setzen von Grenzen ist **kein Machtspiel**. Die erziehende Person muss selbst hinter den gesetzten Grenzen stehen. Die Vollziehung einer Grenzsetzung muss **machbar sein** und Kindern **erkennbare Freiräume und Mitbestimmungsmöglichkeiten** bieten. Grenzsetzung muss von beiden Seiten eingehalten werden (vgl. Waibel, 2017, S. 304).

Heute fällt es uns oft schwer, Grenzen zu setzen. Wir haben Angst vor dem Widerstand der Kinder, vor deren Trotz und deren Frustration. Grenzen zu setzen, heißt, für diese einzustehen, darüber zu diskutieren und andere Meinungen dazu einzuholen. Spüren Kinder unsere Unsicherheit, testen sie gerne die Grenzen aus, provozieren und stellen die Beziehung zu uns, zur erwachsenen Person, infrage (vgl. Waibel, 2017, S. 302).

4.1.2 Wie sollte nun die Reaktion der Erwachsenen bei Grenzüberschreitungen der Kinder sein?

Grenzüberschreitungen mit Strafen zu sanktionieren, ist oft nicht zielführend, da Strafen meist willkürlich ausfallen und nicht direkt mit dem Fehlverhalten in Verbindung stehen. Häufig sind Strafen für Kinder weder logisch noch nachvollziehbar. Eine **logische Konsequenz oder Wiedergutmachungen** sind unmittelbare Erziehungshandlungen, die sich aus der Situation ergeben. Das, was passiert ist, steht im Mittelpunkt – nicht das Kind.

Oft sind Kinder schon bestraft genug, da es vielleicht Verletzte gibt oder sie sich selbst blamiert haben. Es ist nicht sinnvoll, Kindern in dieser Situation zu drohen oder sie einzuschüchtern. Vertiefte Informationen zu den Themen „Logische Konsequenz und Wiedergutmachung" erhalten Sie in diesem Kapitel ab Seite 90.

4.2 Erwartungs- vs. Antworthaltung

Pädagogische Fachkräfte erleben im Alltag häufig **schwierige Situationen und Konflikte** mit Kindern, mit deren Eltern, mit den Arbeitskolleginnen und -kollegen oder den vorgesetzten Personen. Im existenziellen Sinn stellt das Leben eine Aufgabe bzw. Frage an die Pädagog/-innen, die nun eine Antwort einfordert. Nun liegt es an der jeweiligen pädagogischen Fachkraft, auf diese Herausforderungen zu reagieren.

Manche Fachkraft wird darüber frustriert sein, daran verzweifeln, jammern und sich fragen: „Warum passiert gerade mir das?" Diese Person wälzt dann gerne das bestehende Problem auf andere ab und sucht für die bestehende Sachlage eine schuldige Person. Sie versucht erst gar nicht eine Antwort auf die Frage, die ihr das Leben stellt, zu finden. Entweder delegiert sie diese Antwort, die Verantwortung, an andere oder verweigert gar eine Stellungnahme. Aber auch das ist eine Antwort. In diesem Moment fällt die Kollegin bzw. der Kollege in **eine passive Haltung** und gestaltet ihr bzw. sein Leben nicht mehr selbst.

Eine andere Fachkraft hingegen könnte die herausfordernden Situationen annehmen und sich den Anforderungen und Aufforderungen stellen, auch wenn

es oft schwerfällt. Nicht die Fragen „Warum ist es so?" oder „Warum sind meine Lebensbedingungen so schwierig und ungerecht?" sind zielführend, sondern die Antwort auf die Frage: **„Wozu fordert mich diese Situation heraus?"**

Die pädagogische Fachkraft mit dieser Einstellung stellt keine Erwartungen an das Leben, sondern wendet sich den Anforderungen der jeweiligen Sachlage bewusst zu. Sie möchte selbst **eine Antwort und Lösung** finden. Sie ist nicht in der Erwartungs- bzw. Wunschhaltung, sondern arbeitet an und mit dieser Situation. Sie ist **aktiv** und kann so wieder ihr Leben in Freiheit und Verantwortung **selbst gestalten** (vgl. Waibel & Wurzrainer, 2016, S. 34).

Erwartungs- und Antworthaltung

- **Erwartungshaltung:** Menschen, die grundsätzlich eine Erwartungshaltung einnehmen, **stellen permanent Forderungen** an ihre Umwelt und an ihre Mitmenschen. Damit warten sie ständig darauf, dass andere ihre Arbeiten und Aufgaben erledigen. Sie werden **abhängig vom Handeln anderer**. Sie hoffen darauf, dass ihre Wünsche erfüllt, ihre Probleme gelöst werden und ihnen Arbeit abgenommen wird – von wem auch immer. Eigene Freiheit geht dadurch verloren. Werden die Wünsche und Erwartungen nicht erfüllt, sind diese Menschen frustriert. Sie erhalten zudem keine Bestätigung oder Befriedigung, denn sie haben ja nichts von sich aus geleistet.
- **Antworthaltung:** Menschen, die sich aktiv dem Leben stellen, sind in der Antworthaltung, in ihrem Tun frei. Sie **agieren unabhängig und eigenständig.** Sie **wachsen an ihren Aufgaben**, die sie bewältigen. Das Wissen, eine Leistung **selbst vollbracht** zu haben, ist entscheidend für den Selbstwert und das Selbstbewusstsein.

Der Mensch antwortet mit seiner Reaktion, egal welcher, immer auf die Anfrage, die das Leben ihm stellt. Frei ist der Mensch darin, welche Antwort er gibt (vgl. Waibel, 2017, S. 57/58).

Erwartungs- oder Antworthaltung in der Kita-Praxis

In der Kita sind wir oft mit herausfordernden und schwierigen Situationen konfrontiert. Jetzt geht es um unsere Haltung, die wir einnehmen. Es gibt keine vorgefertigten Antworten und Rezepte, auf die wir zurückgreifen können. Fordert uns eine Situation mit einem Kind in der Gruppe heraus, dann fokussieren wir uns auf unseren eigenen pädagogischen Gestaltungsraum, werden wir aktiv und gehen wir in eine **Antworthaltung**. Wir dürfen nicht erhoffen, dass die Schwierigkeiten von anderen gelöst oder erledigt werden. Es ist wichtig, dem Kind gegenüber eine Antwort- und keine Erwartungshaltung zu zeigen.

Sind wir in der Antworthaltung, dann **stellen wir uns die Frage**: „Was braucht dieses eine Kind (und nicht ein anderes) jetzt, in diesem Moment (nicht gestern oder in zwei Stunden) von mir (nicht von meiner Kollegin oder meinem Kollegen) für seine Entwicklung?" (Waibel & Wurzrainer, 2016, S. 34 f.)

Voraussetzung, um diese Frage beantworten zu können, ist, dass wir uns auf Augenhöhe des Kindes begeben. Bedürfnisse und Werte (unsere und die des Kindes) werden ernst genommen und abgeglichen. In der Antworthaltung begegnen wir dem Kind mit Respekt und Achtung und nehmen dessen Entscheidung und Meinung ernst. Unsere Werte und die Werte unseres Gegenübers werden abgestimmt. „Dies erfordert ein Sich-gegenüber-Setzen, ein Sich-in-die-Augen-Schauen und ein gegenseitiges Betrachten der je eigenen Werte." (Waibel & Wurzrainer, 2016, S. 38/39.)

Folgende Fragen regen zur Antworthaltung und Reflexion an:

- Vor welchen Herausforderungen stehen wir täglich in unserer Arbeit in der Kita?
- Welche Rahmenbedingungen, Methoden etc. wenden wir an?
- Wie reagieren wir oder das Team bei Situationen, in denen sich Kinder nicht an vereinbarte Regeln halten bzw. Grenzen überschreiten? (Vgl. Waibel & Wurzrainer, 2016, S. 35/36.)

Nehmen wir hingegen eine **Erwartungshaltung** ein, dann verfügen und bestimmen wir über das Kind. Nicht die Interessen des Kindes, sondern unsere eigenen stehen im Vordergrund. In der Erwartungshaltung können wir jederzeit die Schuld auf das Kind schieben und Wünsche an das Kind stellen, z. B.: „Du sollst das Spielzeug aufräumen."

4.2.1 Die Zuschreibung „verhaltensauffällig"

Im pädagogischen Alltag passiert die Zuschreibung „verhaltensauffällig" oft gedankenlos und voreilig. Nimmt eine pädagogische Fachkraft ein Kind mit einem auffälligen, herausfordernden Benehmen wahr, dann wird es schnell als hyperaktiv, aufmerksamkeitsgestört oder in der sozial-emotionalen Entwicklung auffällig stigmatisiert. Das Kind entspricht nicht den gesellschaftlich festgelegten Regeln und Normen. Fortan wird die Fachkraft die für sie negativen Verhaltensweisen (schlagen, schreien usw.) verstärkt wahrnehmen, während sie gegensätzliche Verhaltensweisen (hilfsbereit, kann sich konzentrieren usw.) aussondert. Vielfach entstehen diese Vorurteile aus dem subjektiven Empfinden der Erwachsenen heraus, die mit konfrontierenden Situationen überfordert sind.

Das Verhalten fordert auf, hinzuschauen

Das Verhalten des Kindes fordert uns, eventuell sogar das ganze Team, auf, genau hinzuschauen, uns Zeit zu nehmen und mit dem Kind **gemeinsam Lösungswege** zu finden. Mit seinem Verhalten, das uns stört, will das Kind etwas mitteilen. Sein Verhalten ist oft **Ausdruck verunsichernder Beziehungs-, Lebens- und/oder Lernverhältnisse.** Das Kind möchte für sich durch sein Verhalten sein **inneres Gleichgewicht** wiederherstellen.

Nicht das Kind selbst ist der Störfaktor, sondern die Situation, die sich aus seinem Verhalten ergibt. Es kann sein, dass diese herausfordernde Situation nur für eine einzige pädagogische Fachkraft störend ist. Die anderen Mitarbeitenden nehmen eventuell gar kein unmäßiges Fehlverhalten wahr.

Stigmatisierungen und damit Ausgrenzung einzelner Kinder in der Kindergruppe passieren vor allem durch die Vorbildwirkung einzelner Fachkräfte.

Beispiel Miriam

Miriam (5 Jahre) mischt die Gruppe durch ihr Verhalten mehrmals täglich auf. Sie kann sich nicht lange mit einer Sache beschäftigen. Kaum ist ihr langweilig, ärgert sie andere Kinder, stößt sie, versteckt deren Spielzeug und läuft im Raum herum. Sowohl die Pädagogin als auch die Assistentin sind von diesem Verhalten genervt. Entweder wird mit Miriam dann geschimpft oder sie muss sich an einen Tisch setzen und zur Ruhe kommen. Selbst die Kinder in der Gruppe nehmen Miriam jederzeit als störend wahr. Auch, weil sich die Pädagoginnen lautstark über das Verhalten Miriams vor allen anderen Kindern unterhalten. Am Dienstag in der Früh stürmt Lukas (3 Jahre) weinend in den Gruppenraum. Auf die Frage, was denn los sei, antwortet nicht Lukas, sondern ein weiteres Kind aus der Gruppe: „Miriam hat Lukas gestoßen!" Miriam war an diesem Tag nicht in der Kita.

Miriam wird hier in eine Rolle gedrängt, aus der sie selbst nicht herauskommt. Aus Sicht der pädagogischen Fachkräfte und der Kinder ist Miriam schwierig, verhaltensauffällig und störend. Jedoch auch Miriam besitzt, so wie jedes andere Kind, Stärken und Potenziale. Es liegt nun an den Pädagoginnen, ihre Sichtweisen zu ändern und das Positive, die Ressourcen bei Miriam zu entdecken.

4.2.2 Was die Situation entlasten kann

Wir werden in unserer Gruppe ebenso Kinder haben, die uns mit ihrem Verhalten herausfordern. Ich versichere Ihnen, dass bereits der Versuch **eines Perspektivenwechsels**, das **Suchen nach Potenzialen, Fähigkeiten und Stärken** bei diesem Kind **eine Verhaltensveränderung** im positiven Sinne bewirkt. Dadurch liegt der Fokus nicht mehr auf dem Störverhalten. Das bringt uns und allen Beteiligten **Entlastung** und neue Momente des Vertrauens zueinander. Probieren wir es aus!

In der pädagogischen Arbeit mit Kindern ist es wertvoll ...

- sich mit den eigenen, persönlichen Erfahrungen, Erwartungen, Werten und Normen auseinanderzusetzen,

- die innere Haltung und Einstellung zu überprüfen und eigene Vorurteile zu bemerken,
- seine eigenen Möglichkeiten und Grenzen zu erkennen und anzunehmen,
- einen Perspektivenwechsel vorzunehmen und
- das pädagogische Handeln zu reflektieren.

Reflexionsfragen zu Stellungnahme und Antworthaltung:

- Was nehmen wir wahr? Wie geht es uns dabei?
- Was sehen wir von der Situation, von unserem Gegenüber (dem Kind, den Eltern) und von uns selbst?
- Erkennen wir die Stärken und Potenziale des Kindes?
- Welche Handlungsmöglichkeiten sehen wir und für welche entscheiden wir uns?
- Wollen wir uns in dieser konkreten Situation wirklich so verhalten?
- Können wir vorurteilsfrei wahrnehmen und agieren?
- Bemühen wir uns, die anderen zu verstehen?

Das aktuelle Fehlverhalten bzw. die herausfordernde Situation überdeckt in diesem einen Moment das Wertvolle, die Stärken und Fähigkeiten der Kinder. Seien wir uns dessen bewusst und verstärken wir unseren Blick auf die Kinder in ihrer gesamten Potenzialität.

4.3 Konfliktmanagement und Streitschlichtung

Konflikte treten immer wieder in sozialen Beziehungen auf. Jedes Kind hat seine eigenen Interessen und Bedürfnisse. Die unterschiedlichen Belange der Kinder müssen zwischen Freundinnen und Freunden immer wieder neu verhandelt werden. Das führt oftmals zu Streit. Zur sozialen und kognitiven Entwicklung der Kinder gehören Konflikte dazu. **Streiten ist erlaubt!** Kinder müssen lernen, sich einerseits anzupassen, andererseits aber auch die eigenen Interessen zu vertreten. **Konflikte sind eine Chance** für eine Weiterentwicklung von Ideen und Visionen. Unterschiedliche Sichtweisen werden hinterfragt und Veränderungen herbeigeführt.

4.3.1 Grenzen testen und überschreiten

Im Erziehungsprozess, in einem dialogischen Miteinander, gibt es immer wieder Auseinandersetzungen und Konflikte. In der werte- und sinnorientierten Pädagogik versuchen wir, das Wesen und die Werte des Kindes zu verstehen. Jedoch ist es manchmal notwendig, **Grenzen zu setzen**, auch um das Kind zu schützen. Die Grenzen sollen für Kinder klar und nachvollziehbar sein. Kinder müssen den Sinn hinter Grenzen verstehen und bei der Grenzsetzung mitbestimmen können. **Grenzen sind für Kinder Orientierungshilfen**. In einem sozialen Miteinander braucht es **gemeinsam vereinbarte Regeln**. Regeln und Grenzen müssen im praktischen Alltag bestehen können und alltagstauglich sein. **Grenzüberschreitungen** sind normal. Kinder testen und probieren aus, wie weit sie gehen können. Es entstehen Differenzen und damit Auseinandersetzungen. In einem Konflikt achten wir darauf, dass die **vier Grundmotivationen** der Existenz, Sein-Können, Leben-Mögen, Selbstsein-Dürfen, Handeln-Sollen sichergestellt sind. Wir achten darauf, dass das Kind **Schutz, Raum und Halt** sowie **Beziehung, Zeit und Nähe** erfährt. Bei der Konfliktlösung bringen wir dem Kind **Wertschätzung, Beachtung und Gerechtigkeit** entgegen.

Ein Konflikt muss nicht immer ausdiskutiert werden. Ein Zuviel schafft oft ein Zerreden und daraus entsteht eine neuerliche Unklarheit.

Geben wir Kindern die Chance, Kontroversen selbst untereinander zu lösen. Trauen wir es den Kindern zu, ihre Streitereien eigenverantwortlich zu lösen. Dazu müssen wir **Vorbild** sein! Ein friedvolles Miteinander entsteht, wenn die Kinder erfahren, dass ihnen zugehört wird und sie selbst ihre Meinung vertreten und artikulieren können, um so eine Lösung zu finden. Kinder müssen im sozialen Miteinander **faire Handlungsstrategien** erwerben.

Jedes Kind will gehört und akzeptiert werden. Können Kinder ihre Sicht der Dinge darlegen, wächst das Vertrauen zueinander. Bei einer **Streitschlichtung** geht es nicht darum, mögliche Ursachen zu suchen oder nach Schuldigen zu fahnden, sondern **gemeinsam Möglichkeiten** zu finden, den Streit zu beenden.

Beispiel Marie und Georg

Wir beobachten eine handfeste Auseinandersetzung zwischen zwei Kindern, die beide mit dem gleichen Spielzeugauto spielen wollen. Marie möchte unbedingt das gelbe Auto haben, das Georg gerade über den Boden schiebt. Zuerst bittet Marie um das Auto, dann droht Marie damit, nicht mehr die Freundin von Georg zu sein, wenn sie nicht sofort das Auto erhält. Schließlich reißt sie Georg das Auto aus der Hand. Georg stößt daraufhin Marie zur Seite. Der Streit ist perfekt!

Wie können wir nun helfen?

Wichtige Regeln als konfliktvermittelnde und moderierende Person:

- Wir bemühen uns, ruhig zu bleiben.
- Wir gehen zu den streitenden Kindern.
- Wir bitten sie, das Spielzeug auf den Boden zu legen oder uns zu geben.
- Wir setzen uns zu den Kindern auf den Boden, damit alle auf Augenhöhe miteinander sprechen können.
- Wir machen keine Anschuldigungen und Bewertungen und verurteilen kein Kind.
- Wir berichten, was wir wirklich gesehen haben. „Georg, ich habe gesehen, dass du Marie weggestoßen hast."
- Die Kinder sollen ihre Sichtweise wiedergeben, wenn sie möchten. Georg verteidigt sich: „Ja, weil Marie mir das Auto weggenommen hat und das war meins!"
- Wir wiederholen die Worte von Georg und wenden uns dabei Marie zu: „Marie, Georg sagt, du hättest ihm das gelbe Auto weggenommen, mit dem er gerade gespielt hat?"
- Marie darf nun ihren Eindruck erklären.
- Wir fassen die Aussagen beider Kinder zusammen und fragen anschließend: „Habt ihr eine Idee, was ihr tun könntet, damit ihr beide gemeinsam spielen könnt?"

Nun liegt **die Verantwortung** bei den Kindern:

- Georg schlägt vor, weitere Autos zu holen und einen Straßenparcours zu bauen.
- Wir fragen Marie, ob ihr diese Lösung gefallen würde.
- Wir bestimmen nicht über Marie, sondern appellieren an Maries Bereitschaft, auf eine friedliche Lösung einzugehen.

4.3.2 Die Kinder unterstützen, den Konflikt selbst zu lösen

Es wird Situationen geben, in denen wir den Streit nicht beobachten konnten. Wir kommen zum Streit dazu. Wir geben **Unterstützung**, indem wir sagen: „Jetzt weiß ich nicht, warum ihr streitet. Wenn ihr **Hilfe** braucht, dann bin ich da. Wie kann ich euch helfen?" Die Kinder entscheiden frei, ob sie unser Angebot annehmen oder nicht.

Greifen wir nicht vorschnell ein, es sei denn, es ist Gefahr im Verzug. So machen die Kinder die Erfahrung, dass sie selbst **Handlungsspielräume** haben und dass ihnen vertraut wird.

Unterstützen wir Kinder in ihrer sprachlichen Ausdrucksfähigkeit und stellen wir offene, prozessorientierte Fragen:

- Wie soll es sein, damit jeder zufrieden ist?
- Was soll als Nächstes getan werden?
- Wie wollt ihr weiterspielen?

Achten wir darauf, dass Kinder nicht in eine Verteidigungshaltung geraten. Fördern wir die **Kooperationsbereitschaft.** Formulieren wir positiv mit Ich-Botschaften: „Ich möchte, dass ihr einander zuhört" oder „Ich fände es schön, wenn ihr das nächste Mal ...".

Positives Streiterleben stärkt Kinder in ihrem Selbstwert.

ACHTUNG

Es muss zwischen dem Kind als Person und dem Problem unterschieden werden. Es geht um ein respektvolles Miteinander.

Folgende Formulierungen können dabei helfen, zu verstehen:

- Du hast das Gefühl, dass …
- Du denkst, dass …
- Wenn ich dich richtig verstehe …
- Du bist traurig/enttäuscht/verärgert/glücklich/etc., weil …
- Könnte es sein, dass …?
- Gefällt dir die Idee …?
- Ich habe das Gefühl, dass …
- Habe ich dich richtig verstanden …?

4.3.3 Wie können ungerechte Situationen gelöst werden?

Über Gerechtigkeit und Ungerechtigkeit nachzudenken und zu sprechen, hilft Kindern, unfaire Situationen zu erkennen und sich gegen Unrecht und Diskriminierung zu wehren. Sie lernen dabei, anderen Kindern, die ungerecht behandelt werden, zu helfen. Überlegen wir gemeinsam mit den Kindern, wie eine ungerechte Situation geändert werden kann. Fragen wir die Kinder: „Wie denkt ihr darüber?", „Wie könnt ihr helfen?", „Was könnt ihr tun?". Wir sind selbst ein Vorbild und greifen sofort ein, wenn es zu diskriminierenden Verletzungen gegenüber einem Kind kommt. Wir spenden dem gedemütigten Kind Trost und geben ihm Schutz. Wir helfen ebenso dem Kind, das das andere Kind unfair behandelt hat, und ermöglichen ihm, die Gefühle und Empfindungen zu verstehen und sich in das verletzte Kind einzufühlen.

KINDER STÄRKEN UND BEGLEITEN – SPIELIMPULSE

Die Brücke

Material: 1 Langbank im Turnraum

Organisationsform: paarweise

Jeweils zwei Kinder laufen einander auf der Langbank entgegen. Sie müssen nun versuchen, aneinander vorbeizukommen, ohne abzustürzen. Wie gelingt es ihnen? (Spielidee: vgl. Portmann, 2013, S. 24.)

Das große Kunstwerk

Material: 1 Abspielgerät und Instrumentalmusik, Buntstifte, 1 Triangel

Für jedes Gruppe: 1 Blatt Papier DIN A2

Vorbereitung: Aus DIN-A2-Papier kreisförmige Zeichenblätter schneiden und in je vier Segmente unterteilen

Organisationsform: Vierergruppen

Jedes Kind wählt einen Buntstift aus. Nun erhält jede Gruppe ein rundes Blatt. Die Kinder beginnen ohne gegenseitige Absprache, in das vor ihnen liegende Segment zu zeichnen, im Hintergrund läuft Instrumentalmusik. Dabei sprechen die Kinder nicht. Nach einiger Zeit (ca. 4 Minuten) gibt die Spielleitung mit der Triangel ein Signal und das Blatt wird im Uhrzeigersinn um je ein Segment gedreht. Nun zeichnen die Kinder bei der Zeichnung des anderen weiter. Nach vier Durchgängen ist das gemeinsame Arbeiten am runden Blatt abgeschlossen. Die großen Kunstwerke, die entstanden sind, werden gegenseitig betrachtet und besprochen und erhalten einen besonderen Platz im Gruppenraum.

Beim gemeinsamen Zeichnen müssen die Kinder Kompromisse eingehen und lernen, zu akzeptieren, dass andere etwas fertig machen, das sie selbst begonnen haben (Spielidee: vgl. Grießmair, 2014, S. 41).

BUCHEMPFEHLUNGEN

Rachel Bright, Jim Field
Die Streithörnchen
Magellan Verlag, 2018
ISBN: 978-3-7348-2042-7

David McKee
Du hast angefangen – Nein du!
Sauerländer Verlag, 2011
ISBN: 978-3-7373-6045-6

Heinz Janisch, Helga Bansch
Die Brücke
Jungbrunnen Verlag, 2010
ISBN: 978-3-7026-5819-9

4.4 Logische Konsequenz und Wiedergutmachung

In partizipativer Zusammenarbeit werden in der Kita gemeinsam mit den Kindern Regeln vereinbart. Reduzieren wir Regeln auf das Wesentliche. Zu viele starre Verbote und Regeln führen dazu, dass der pädagogische Alltag häufig von Konflikten und Auseinandersetzungen geprägt ist. Die festgelegten Regeln müssen von allen Beteiligten verinnerlicht und eingehalten werden. Das gilt sowohl für die Kinder als auch für die Erwachsenen.

4.4.1 Konsequenzen bei Nichteinhaltung der Regeln

Was passiert bei Nichteinhaltung? Strafen erzeugen bei Kindern oft Widerstand, führen nicht zur gewünschten Verhaltensänderung, sondern setzen Frust und Aggressionen frei.

Über Konsequenzen bei Nichteinhaltung muss kooperativ mit den Kindern diskutiert werden. Für die Kinder soll klar sein, dass aufgrund des eigenen Verhaltens eine Reaktion erfolgt. Eine logische Konsequenz ist **keine Machtdemonstration** der Erwachsenen gegenüber Kindern. Eine logische Konsequenz deckt ein Fehlverhalten auf und bezieht sich **direkt und zeitnah auf das unerwünschte Handeln** eines Kindes. Nur so kann das Kind den Zusammenhang verstehen und Einsicht gewinnen.

Der Einsatz bzw. die Aussprache einer Konsequenz durch die pädagogische Fachkraft sollte auf ruhige Weise geschehen und nicht überstürzt oder im Affekt festgelegt werden. Eine für Kinder nachvollziehbare Konsequenz ermöglicht ihnen, ihr Verhalten eigenverantwortlich zu ändern. Entscheidend ist, dass eine angekündigte Konsequenz bei Nichteinhaltung wirklich ausgeführt wird. Inkonsequentes Erziehungsverhalten führt dazu, dass Kinder die Regeln nicht ernst nehmen, ignorieren und somit die Fachkräfte unglaubwürdig erscheinen.

Das Konzept der Wiedergutmachung

Beispiel Gerda

Gerda (6 Jahre) wirft immer, wenn sie verliert, wütend die Spielfiguren eines Brettspieles auf den Boden. Welche logischen Konsequenzen könnten Gerda zur Einsicht bringen?

→ *Gerda wird von der nächsten Spielrunde ausgeschlossen. Sie darf nur noch zusehen.*
→ *Gerda muss die Spielfiguren vom Boden aufheben und das Spiel aufräumen.*
→ *Gerda wird beim nächsten Mal nicht mehr gefragt, ob sie mitspielen möchte.*

Das **Konzept der Wiedergutmachung** stellt eine sinnvolle Alternative zur Strafe und zur logischen Konsequenz dar. Wiedergutmachung ist für Kinder **nachvollziehbar**, da **ein Sinnzusammenhang zur Tat/zum Fehlverhalten** besteht. **Wiedergutmachungsmaßnahmen** werden gemeinsam mit dem Kind überlegt und erarbeitet. Das Kind übernimmt Verantwortung und plant eine „gute" Handlung. Wiedergutmachung ist die **Chance zur Verinnerlichung pädagogischer Maßnahmen**. Kinder erlernen **effektive Bewältigungsstrategien** und entwickeln sich zu selbstbewussten und eigenverantwortlichen Individuen.

Wiedergutmachung meint:

- Benennung des Fehlverhaltens
- Planung und Durchführung der Wiedergutmachung
- Lob bzw. Anerkennung der Wiedergutmachung

Das Prinzip der Wiedergutmachung beruht darauf, den Kindern zu ermöglichen, über ihr Verhalten nachzudenken und zu überlegen, wie man mit Worten und/oder Taten um Verzeihung bitten kann. Die Gefühle der Kinder werden ernst genommen, der Erwachsene spricht mit den Kindern über deren Empfindungen. In der **dialogischen Auseinandersetzung** werden **Ideen zur Wiedergutmachung** entwickelt. Wird einem Kind etwas zerstört, mit dem es gespielt hat und worüber es jetzt sehr traurig ist, werden nun helfende Handlungsstrategien überlegt. Welche Ideen und Vorschläge haben die Kinder? Was kann dem traurigen Kind jetzt helfen?

Beispiel

Hat ein Kind einem anderen Kind den Holzturm umgeworfen, kann als Wiedergutmachungshandlung in gemeinsamer Absprache beschlossen werden, dass der Turm gemeinsam wiederaufgebaut wird.

Entschuldigungen

Kinder streiten und vertragen sich. Manchmal beanspruchen sie dazu eine Entschuldigung. Doch das mit der Entschuldigung ist nicht so leicht. Die Worte „Es tut mir leid!" kommen oft schwer über die Lippen, sind manchmal auch unehrlich gemeint. Sich zu entschuldigen, ist oft nur eine Floskel, die bedeutungslos ist. Ehrliche Entschuldigungen sind wertvoll für eine gute und stabile Beziehung.

Wenn ein Fehler passiert ist, kann auf mindestens zwei Arten reagiert werden:

- Die streitenden Parteien machen sich gegenseitig Vorwürfe. Eine Partei zieht sich zurück, beide sprechen nicht mehr miteinander, sind nachtragend und rechthaberisch.
- Fehler werden eingestanden. Die Parteien reagieren wohlwollend aufeinander und versuchen, einen Weg zu finden, wo beide zufrieden sind. Sie stellen eine Win-win-Situation her.

4.4.2 Es braucht Mut, einen Fehler einzugestehen

Kinder und Erwachsene schämen sich häufig, wenn sie etwas Falsches gemacht haben, wenn ihnen etwas passiert ist. Ihnen ist bewusst, dass sie etwas Unrechtes getan haben. Schamgefühl zu entwickeln und zu zeigen, ist eine Stärke. Gesteht ein Kind einen Fehler ein, sichert es sich meist die Anerkennung in der Gruppe. Ist ihm der Fehler, den es gemacht hat, hingegen egal, riskiert das Kind, dass es aus der Gruppe ausgeschlossen wird.

Soziales Verhalten

Kinder lernen **soziales Verhalten** vor allem durch das Vorbild der Erwachsenen und der Freund/-innen. Wir Erwachsenen sind nicht fehlerfrei, reagieren oftmals vorschnell, aggressiv und laut. Es ist wünschenswert, wenn wir uns selbst reflektieren und im Sinne der Wiedergutmachung unseren Fehler eingestehen: „Es tut mir leid, da habe ich überreagiert. Das war nicht richtig von mir."

Perspektivenwechsel

Manchmal ist **ein Perspektivenwechsel** bedeutsam. Kinder sind impulsiv und äußern sich zuweilen mit Aussagen, wie „Du bist nicht mehr meine Freundin!" oder „Sandra hat angefangen!".

Kinder fühlen sich in diesem Moment verletzt und enttäuscht, sie können sich die Situation im Augenblick nicht erklären. Hätten wir jetzt nur das Fehlverhalten des Kindes im Blick, würde das Kind sofort in eine Verteidigungshaltung gehen. Gehen wir nach einer kurzen Zeit der Beruhigung positiv auf das Kind zu und stellen ihm die Frage „Was glaubst du, wie es jetzt deiner Freundin geht?", wird das Kind aufgefordert, innezuhalten und sich in die Person der Freundin zu versetzen.

Eine Wiedergutmachungshandlung stärkt Beziehungen, weckt Potenziale, bringt Versöhnung, steigert die eigene Souveränität und ermutigt das Kind, selbstwirksam zu sein.

BUCHEMPFEHLUNGEN

Moritz Petz, Amélie Jackowski
Der Dachs hat heute schlechte Laune
NordSüd Verlag, 2021
ISBN: 978-3-314-10566-1

Eulàlia Canal, Rocio Bonilla
Drei ist keiner zu viel
Ellermann Verlag, 2017
ISBN: 978-3-7707-0003-5

4.5 Lob, Feedback, Ermutigung

Lob, Feedback und Ermutigung sind Erziehungsmittel, die angewendet werden, um ein bestimmtes Erziehungsziel zu erreichen oder um zu bestimmten Verhaltensweisen anzuregen. Sie können Mittel zur Ordnung und Eingliederung sein und geben Kindern Orientierung. Dabei steht immer das jeweilige Menschenbild/Bild vom Kind im Mittelpunkt.

Folgende Reflexionsfragen stellen wir uns:

- Warum geben wir bestimmte Impulse?
- Was möchten wir damit erreichen?
- Welche pädagogische Haltung nehmen wir dabei ein?

Jedes Erziehungsmittel setzen wir so ein, wie wir es als richtig empfinden. Wir handeln immer aus uns selbst heraus und subjektiv. Erziehungsmittel werden geprägt von natürlicher Autorität, Beziehungsfähigkeit und Empathie in den jeweiligen Situationen (vgl. Averhoff et al, 2010, S. 123/124).

4.5.1 Die Sache mit dem Lob

Lob ist ein Erziehungsmittel, das in unserer Gesellschaft recht häufig eingesetzt wird. Kinder zu loben, passiert Hunderte Male am Tag.

„Das hast du gut gemacht!" – „Super!" – „Du bist ein braves Kind!"

Lob wird oft als soziale Anerkennung einer Leistung oder eines erwünschten Verhaltens genutzt. Das Verhalten soll so beibehalten werden oder noch mehr verbessert werden. Lob steht am Ende eines Prozesses. Gelobt wird ein fertiges Produkt oder eine Leistung, die beendet wurde.

Lob ist eine extrinsische Bestärkung und ein Machtinstrument

Lob kann eine verbale oder eine nonverbale Belohnung sein und ist in diesem Sinn eine positive Verstärkung. Lob basiert immer auf Wettstreit und Vergleich, motiviert Kinder extrinsisch und nur kurzfristig. Folgende Botschaft erreicht die Kinder, wenn sie gelobt werden: „Wenn ich etwas tue, das meine Erzieherin für lobenswert hält, dann werde ich geschätzt."

Loben schafft eine freundliche Atmosphäre, bietet ein Friedensangebot nach einem Konflikt an, dient als Übergangsritual oder wird eingesetzt, um Trost zu spenden. Wir meinen es meist gut mit den Kindern, indem wir sie loben. Oft sind **Lobesworte jedoch nur Floskeln**, die schnell und ohne weitere Überlegungen gesagt werden. Wir machen uns zu wenig Gedanken darüber, was wir damit auslösen können. Lob ist **eine Du-Botschaft** und immer **eine Bewertung.** Lob ist ein **Machtinstrument und manipulativ.** Es liegt an uns Fachkräften, ob wir jemanden für etwas loben oder nicht. Sind wir gut gelaunt, loben wir Kinder öfter. Vielleicht trifft es dann auch einmal ein Kind, das sonst nie gelobt wird. Sind wir nicht gut drauf, kann jede Anstrengung der Kinder umsonst sein, denn heute wird nicht gelobt.

Das Anwenden von Lob wird leider selten reflektiert. Wird Lob inflationär, also immer, angewandt, gewöhnen sich die Kinder daran und benötigen stets aufs Neue ein Lob, um eine Leistung zu erbringen. Ein die ganze Person betreffendes pauschales Lob kann zu Überforderung und zum Scheitern führen. Wird die ganze Gruppe gelobt, werden tendenziell die Kinder bestärkt, die gute Leistungen vollbringen oder ein vorbildliches Verhalten zeigen. Lob ist Kontrolle über Menschen. Es kann passieren, dass damit die Einschätzung der eigenen Leistung verschlechtert wird und der Selbstwert vom Feedback der Pädagogin abhängt (vgl. Waibel & Wurzrainer, 2016, S. 169–171).

Nachteile von Lob auf einen Blick:

Wenn Kinder zu häufig (und willkürlich) gelobt werden, …

- verlieren sie ihre intrinsische Motivation.
- entwickeln sie eine zu hohe Erwartungshaltung. Sie wollen ständig gelobt oder belohnt werden und verlangen für ihr Tun häufig eine Gegenleistung.
- fühlen sie sich verunsichert, denn ihre Selbsteinschätzung fehlt.
- glauben sie, nur wertvoll zu sein, wenn andere ihnen das sagen.
- wird Lob wertlos.

Was hier über das Lob geschrieben wird, gilt in gleichen Maßen dem Erziehungsmittel der Belohnung.

4.5.2 Das konstruktive Feedback und die Ermutigung

Feedback ist eine **Rückmeldung** der pädagogischen Fachkraft an ein Kind, wie sein Verhalten oder seine Leistung erlebt wird. Wertschätzendes Feedback orientiert sich an den jeweiligen **Fähigkeiten, Potenzialen und Werten** eines Kindes. Der Fokus liegt auf **Gelingendem** und auf noch **möglichen Entwicklungsfenstern**. Konstruktives Feedback verbessert und vertieft **die Beziehung** zueinander. Geben wir Kindern ein konstruktives Feedback, wird die **individuelle Leistung** der Kinder gewürdigt und bestärkt Kinder in ihrer **Selbstwirksamkeit**. Ein gutes Feedback hilft, sich selbst besser zu verstehen. Es sollte so formuliert werden, dass Kindern klar wird, was ihr Tun oder Verhalten bewirkt. Positive Rückmeldungen lassen sich **fair** verteilen, da alle Kinder Fortschritte machen. Ein Feedback ist schon bei kleinen Entwicklungsprozessen zielführend. Bei einer fruchtbaren Rückmeldung werden die Begriffe „falsch" und „richtig" und „gut" und „schlecht" vermieden.

Ermutigung drückt eine innere Haltung aus. Ermutigung schafft Beziehung. Ermutigung ist eine Geste, ein Blick, sind wohlwollende Worte und Signale der Aufmerksamkeit, die im Kind das Vertrauen in sich selbst und in seine eigenen Möglichkeiten wecken und stärken. Ermutigung passiert während eines Prozesses, nicht am Ende. Ermutigung ist eine Momentaufnahme. Es gibt kein „um zu". Die ermutigende Haltung ist geprägt von **Respekt, Wertschätzung und Anerkennung.**

Ermutigen wir ein Kind in seinem Tun, fühlt sich das Kind wertvoll, so wie es ist. Das Kind lernt, sich und seine Fähigkeiten selbst einzuschätzen. Das Kind ist nicht auf die Bewertung anderer angewiesen. Spornen wir das Kind an und bemerken wir seine **Bemühungen und Verbesserungen**. Somit entdecken wir die individuellen Eigenschaften, Fähigkeiten und Potenziale des Kindes.

Ermutigung ist ein **intrinsischer Motivator**, der **das Selbstwertgefühl** des Kindes festigt und zudem hilft, **Selbstmotivation** aufzubauen. Ermutigung stärkt die **Selbstverantwortung** und die **Selbstwirksamkeit.** Der Glaube an die eigenen Fähigkeiten wird gestärkt. Ein positives Selbstbild verleiht dem Kind die Überzeugung: „Ich kann etwas, ich habe einen Wert, ich bin liebens-

wert." Ermutigung führt zur Änderung der inneren Haltung, was äußerlich sichtbar wird (vgl. Frick, 2019, S. 44–47).

Beispiel Peter

Peter (4 Jahre) zeichnet ein Bild mit Buntstiften. Zeichnen zählt nicht zu seinen Lieblingsbeschäftigungen, doch heute hat die Pädagogin neue Farben bereitgestellt. Die Erzieherin kommt zu Peters Platz. Sie schaut nicht von oben herab auf Peter, sondern begibt sich auf seine Augenhöhe. Sie sagt: „Du kannst stolz auf dich sein! An diesem Bild arbeitest du nun schon lange. Toll, wie gut du dir überlegt hast, welche Farben du auswählst." Die Pädagogin beachtet Peters Bemühungen und Fortschritte, begibt sich auf Augenhöhe mit ihm, nimmt sich Zeit für ihn und ist präsent.

Diese Ebene der Ermutigung wird auch durch **nonverbale Zeichen und Signale** erreicht. Blicke, Gesten, Verhaltensweisen wie Geduld, Zuhören, einfach im Hier und Jetzt für das Kind da sein, stärken den Selbstwert des Kindes und beflügeln es, an einer Sache dranzubleiben. Dies gilt besonders für junge Kinder, die Worte selbst nicht verstehen. Allein unser Ausdruck im Gesicht und die ermutigende Stimme wirken.

Beobachten wir ein Kind und sprechen etwas an, das das Kind gemacht hat oder gerade tut:

- Wir schauen genau hin und sind objektiv.
- Wir bewerten nicht.
- Wir bestärken Kinder mit den Sätzen: „Ich vertraue dir", „Du schaffst das", „Mach weiter so", „Mir gefällt, wie du an der Sache dranbleibst".
- Wir beenden ermutigende Bemerkungen als Aussage: „Du bist schon so weit, bald wird das Puzzle fertig sein!"
- Wir machen den ermutigenden Kommentar nicht zunichte, in dem wir mit einem „Aber" fortfahren.
- Wir vergleichen das eine Kind nicht mit einem anderen.
- Wir erkennen bereits den Versuch an.
- Wir stellen offene Fragen: „Erzähl mir doch, wie hast du diese Pyramide aus den alten Schachteln gebaut?"

Werte- und sinnorientierend nehmen wir die Person des Kindes in seiner Einmaligkeit und Einzigartigkeit wahr. Feedback und Ermutigung basieren auf gegenseitigem Respekt und Wertschätzung der Person und der Sache.

Ermutigende Beziehungsqualitäten zeigen sich ...

- im Interesse und der Begeisterung für die Person und die Sache,
- im Geduldig-Sein,
- im aufmerksamen Zuhören,
- im freundlichen Blick und der freundlichen Stimme,
- im Mut zur Unvollkommenheit und zu Fehlern,
- im Humor,
- in der Anerkennung von Versuchen und Fortschritten,
- im Geben von Impulsen zu neuen Versuchen,
- im Wahrnehmen und Fördern von Stärken,
- im Äußern klarer Erwartungen,
- im Übertragen von Verantwortung,
- beim Anbieten von Unterstützung, wenn Kinder darum bitten (vgl. Hennings, 2014, S. 71–75).

Eine werte- und sinnorientierte Ermutigung vermittelt dem Kind:

- Ich habe Vertrauen zu dir.
- Ich nehme dich an.
- Du bist du – und deswegen wertvoll.
- Ich glaube an dich.

BUCHEMPFEHLUNG

Peter H. Reynolds
Der Punkt
Gerstenberg Verlag, 2008
ISBN: 978-3-8369-5202-6

4.6 Eine gelingende Fehlerkultur

Im Leben sind Fehler unvermeidbar. Aus Fehlern lernen wir. Neues entwickelt sich daraus. Fehler sind verbesserungswürdige Erfahrungen, darum sollten Fehler als potenzielle Helfer gesehen werden.

Fehler passieren im Experimentieren, Forschen, Ausprobieren. Erkennen Kinder Fehler in ihrem Tun, können sie ihr Handeln ändern, darüber reflektieren und etwas Neues entwickeln bzw. anders handeln.

Bringen wir den Kindern bei, dass Fehler nicht nur in Ordnung, sondern lehrreich sein können, dann müssen wir **gemeinsam mit den Kindern die Fehler analysieren:**

- Was meinst du, warum es schiefgelaufen ist?
- Was brauchst du, damit es beim nächsten Mal noch ein bisschen besser klappt?

Kinder wissen meist sehr gut, was sie benötigen, damit sie (mehr) Erfolg bei etwas haben.

4.6.1 Der Umgang mit Fehlern

In unserer Gesellschaft, gerade auch in der Schule, nehmen Fehler oft eine zentrale Rolle ein und werden in das Zentrum der Aufmerksamkeit gestellt, was die Wirkung des Fehlers noch einmal verstärkt. Hat ein Kind einen Fehler gemacht, ist es wichtig, die Beziehung zum Kind aufrechtzuerhalten und zu bestärken. Keinesfalls darf es passieren, dass das Kind beschämt, ausgelacht oder ausgegrenzt wird und das Fehlerhafte in ihm gesehen wird. Fehler dürfen nicht der ganzen Person zugeschrieben werden. Die Person ist nie ein Fehler. Um Fehlern positiv zu begegnen und sie sich zunutze zu machen, ist eine gesunde Fehlerkultur Voraussetzung.

Mit Fehlern produktiv umzugehen bedeutet, ...

- Fehler zu erlauben.
- zu akzeptieren, dass Fehler passieren.
- die Angst vor Fehlern zu nehmen.

- Emotionen rauszunehmen.
- Fehler nicht verhindern zu wollen.
- eigene Fehler zu erkennen und zuzugeben.
- seinen Perfektionismus abzulegen, gut zu sein genügt.
- neue Lösungswege zu suchen.
- Vorbild im Umgang mit Fehlern zu sein und offen mit eigenen Fehlern
- großzügig mit den Fehlern anderer umzugehen.
- versöhnlich statt nachtragend zu sein.
- Offenheit zu belohnen.
- Gelassenheit zu entwickeln.

4.6.2 Fehler als Lernchance

Damit Fehler als Lernchance begriffen werden, müssen wir uns selbstreflexiv mit der eigenen Fehlergeschichte auseinandersetzen (vgl. Waibel & Wurzrainer, 2016, S. 127).

- Wie bewerten wir Fehler in unserem Leben?
- Wie haben wir die Fehlerbeurteilung bis jetzt in unserem Leben erlebt (Elternhaus, Schule, Arbeit, Partnerschaft usw.)?
- Können wir uns selbst Fehler eingestehen oder möchten wir fehlerfrei sein?
- Können wir zu unseren Fehlern stehen?
- Wie tolerant sind wir gegenüber unseren eigenen oder anderen Fehlern?
- Wie reagieren wir auf Fehler? Welche Gefühle lösen sie in uns aus?
- Sind wir Perfektionisten?
- Sind wir bereit, zu erkennen, dass wir nicht perfekt sein müssen?

BUCHEMPFEHLUNGEN

Sven Nordqvist
Schau mal, was ich kann, Pettersson!
Oetinger Verlag, 2019
ISBN: 978-3-7891-1295-9

Lena Hesse
Was Besonderes
Hueber Verlag, 2017
ISBN: 978-3-1954-9598-1

4.7 Langeweile

„Mir ist so langweilig!" – diesen Satz hören Eltern allzu oft zu Hause, jedoch auch in der Kita werden wir damit konfrontiert. Das setzt Eltern und auch uns als pädagogische Fachkräfte unter Druck. Wir sind im Glauben, nun die Kinder unterhalten zu müssen. Aber: Nein – in der Langeweile steckt jede Menge Potenzial und sie ist ein Ausgangspunkt für die kindliche Entwicklung!

Was Langeweile bedeutet

Wir haben eine ganze lange Weile Zeit …

- uns zu erholen.
- nichts zu tun.
- unsere Gedanken fliegen zu lassen.
- mit den Fingern auf den Tisch zu klopfen.
- die Batterien aufzuladen.
- zu meditieren.
- hinzuhören.
- hinzuschauen.
- hinzuspüren.
- zu genießen.

Im Duden wird Langeweile „als unangenehmes, lästiges Gefühl des Nicht-ausgefüllt-Seins, der Eintönigkeit, Ödheit, das aus Mangel an Abwechslung, Anregung, Unterhaltung, an interessanter, reizvoller Beschäftigung entsteht" (Dudenredaktion, 2015, S. 1097), verstanden.

4.7.1 Quelle von Langeweile

Kinder wachsen **in einer reizüberfluteten Welt** auf und sind es gewöhnt, unterhalten zu werden. Sie brauchen Zerstreuung und Anregung. Auch in der Kita werden die Kinder mit pädagogischen Angeboten und Serviceleistungen überhäuft. Gibt es einmal eine Zeit der Ruhe und des Nichts-Tuns, beklagen sich die Kinder recht schnell über Langeweile.

Kinder sich langweilen lassen ist gut. Häufig passiert es, dass Kinder auf Vorschläge vonseiten der Erwachsenen, das oder jenes zu tun, abgeneigt und lustlos reagieren. Bleiben wir gelassen und ruhig. Lassen wir Langeweile zu. Erlauben wir diese Zeit der langen Weile. Der Zeitraum der Langeweile ist der Augenblick, in dem **Kreativität** im Menschen wächst. Lassen wir den Kindern die Zeit, einfach nur **irgendwas** zu tun. Dieses „Irgendwas" kann eine Regenpfütze, ein Knopf, ein Kieselstein o. Ä. sein. Kinder müssen nicht bespielt werden. Wir sind nicht Animateur bzw. Animateurin und Bespaßer bzw. Bespaßerin der Kinder. Kinder beanspruchen für das Nichts-Tun ebenfalls ihre Zeit.

4.7.2 Funktion von Langeweile

Selbst uns Erwachsenen fällt es schwer, Ruhe auszuhalten. In dem Moment, wo es nichts zu tun gibt, wo der Terminkalender leer ist, wo Ruhe da wäre, werden wir unruhig und ruhelos. Wenn wir Langeweile verspüren, sind wir oft unzufrieden und haben das Gefühl, Zeit zu vergeuden.

Langeweile hilft, zu einer besseren inneren Balance zu finden. In dieser Langeweile entsteht Kreativität. „Kreativität bedeutet, sich selbst zu spüren, sich selbst kennenzulernen und einen persönlichen Ausdruck zu finden" (Juul, 2019, S. 103/104). In der Langeweile entsteht die „wertvolle Möglichkeit, von innen heraus zu handeln, statt sich von äußeren Reizen lenken zu lassen" (Juul, 2019, S. 104).

Langeweile treibt uns an, lässt die Gedanken zu Neuem, vielleicht Unbekanntem abschweifen. Langeweile gehört zu unserem Leben einfach dazu. Kinder müssen ein Bewusstsein für Langeweile entwickeln, dann entdecken sie eigene Interessen. Es liegt dann an uns, diese aktiv zu verfolgen. Sagen wir zu einem Kind, das sich gerade langweilt: „Oh, dir ist langweilig! Dann bin ich ja einmal gespannt, was dir so einfällt. Viel Spaß dabei!"

BUCHEMPFEHLUNGEN

Henrike Wilson
Ganz schön langweilig!
Gerstenberg Verlag, 2015
ISBN: 978-3-8369-5839-4

Rocio Bonilla
Langweilst du dich, Minimia?
Jumbo Neue Medien Verlag, 2019
ISBN: 978-3-8337-4075-6

5 Sicherheit und innere Stärke

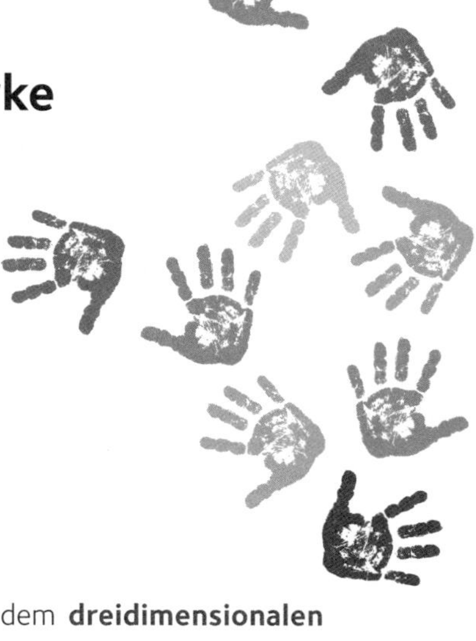

Sicherheit und innere Stärke lassen sich auch mit dem **dreidimensionalen Menschenbild Frankls** in Verbindung setzen. Frankl spricht von der **körperlichen, der psychischen und der geistigen Dimension**. Für das **harmonische Zusammenspiel** aller drei Dimensionen gilt es zu sorgen. Um körperlich stark und gesund zu bleiben, achten wir auf eine gesunde Ernährung, ausreichend Bewegung und Schlaf. Wer sich körperlich stark fühlt, ist zufrieden, nimmt sich als vital und leistungsfähig wahr. Um psychisch gesund zu bleiben, achten wir darauf, belastenden Stress zu reduzieren, entwickeln Strategien zur Stressbewältigung, suchen Momente der Entspannung.

Die geistige Dimension führt uns zur Stärke und inneren Sicherheit. Es ist unser Selbst, unsere Einzigartigkeit, die durch Freiheit und Verantwortung und durch Wert- und Sinnorientiertheit gekennzeichnet ist. Frankl geht in seiner Logotherapie davon aus, dass wir durch **Sinnfindung** geheilt werden bzw. gesund bleiben.

Innere Stärke brauchen wir für ein glückliches und erfolgreiches Leben. Innere Stärke und Sicherheit lässt uns wachsen, wir können schwierige Zeiten meistern, Rückschläge verkraften und Herausforderungen bewältigen. Jeder Mensch kann innere Stärke aufbauen. In der Psychologie sprechen wir von **Resilienz**, einer starken Widerstandskraft und von **Salutogenese**, der Entstehung von Gesundheit, dem Zustand körperlichen und psychischen Wohlbefindens.

5.1 Resilienz und Salutogenese

Seit den 1970er-Jahren erfolgt ein **Paradigmenwechsel** in der Forschung. War sie bis dahin sehr defizitorientiert, mit Blick auf Ursachen für Krankheiten und Entwicklungsstörungen, entstanden in jener Zeit zwei **ressourcenorientierte Konzepte**, einerseits die **Entwicklungsforschung zur Resilienz** und andererseits **die Forschung zur Salutogenese.**

5.1.1 Das Konzept der Resilienz

Der Begriff **Resilienz** stammt ursprünglich von dem lateinischen Wort *resilire* und bedeutet abprallen. Im englischen Sprachraum heißt *resilience* Elastizität, Spannkraft, Widerstandsfähigkeit oder Unverwüstlichkeit.

Entwicklungsforscher sprechen allerdings erst dann von Resilienz, wenn folgende Bedingungen zutreffen:

- Es gibt eine ernsthafte Bedrohung der kindlichen Entwicklung. Kinder sind einem dauerhaften Risiko wie z. B. Armut, Missbrauch oder einer psychischen Erkrankung eines Elternteils ausgesetzt.
- Stresssituationen, wie z. B. eine Scheidung oder traumatische Erlebnisse stellen für Kinder eine besondere Belastung dar.
- Gleichzeitig können die belastenden Lebensumstände erfolgreich bewältigt werden (vgl. Krenz, 2007, S. 178).

Die Resilienzforschung geht folgenden Fragen nach:

- Wie schaffen es einzelne Kinder in schweren Lebenssituationen, ihr Leben gut zu bewältigen und relativ unbeschadet aufzuwachsen?
- Welche Faktoren helfen manchen Kindern, sich trotz ungünstiger Lebensumstände positiv zu entwickeln?
- Warum entfalten sich manche Kinder trotz verschiedener Risikofaktoren gesund, andere nicht?
- Was kann aus pädagogisch-psychologischer Sicht getan werden, um Kinder in ihrer Widerstandsfähigkeit zu stärken?

Resilienz ist kein angeborenes, stabiles Persönlichkeitsmerkmal, sondern entwickelt sich in der **Auseinandersetzung mit Herausforderungen**. Das Resilienzkonzept setzt sich mit **Risikofaktoren** auseinander, mit denen ein Mensch im Laufe seines Lebens konfrontiert wird, und mit **Schutzfaktoren**, die dem Menschen/dem Kind helfen, seine **Widerstandskraft** von Beginn an zu steigern. Schutzfaktoren sind **personale und soziale Ressourcen**.

Wesentlich sind ...

- eine sichere, stabile Bindung zu mindestens einer Bezugsperson.
- ein gleichwürdiges Erziehungsklima.
- Vorbilder, die Belastungen konstruktiv meistern können.
- Selbstwirksamkeitserfahrungen und die Überzeugung, aktiv etwas bewältigen zu können.
- eine optimistische Lebenseinstellung, die auf Erfahrungen von Sinnhaftigkeit und Struktur in der eigenen Entwicklung zurückzuführen ist.

(Vgl. Krenz, 2007, S. 186/187.)

Die sieben Schlüssel der Resilienz sind wegweisende Indikatoren zur Entwicklung **innerer Stärke**.

1. **Akzeptanz:** Es ist, wie es ist.
2. **Optimismus:** Ich vertraue darauf, dass es besser wird.
3. **Selbstwirksamkeit:** Ich schaffe das!
4. **Eigenverantwortung:** Ich bin aktiv und gestalte mein Leben.
5. **Netzwerkorientierung:** Ich suche und finde Unterstützung.
6. **Lösungsorientierung:** Ich nehme Herausforderungen an und konzentriere mich auf gut Funktionierendes.
7. **Zukunftsorientierung:** Ich will und ich kann!

(Vgl. Heller, 2013.)

5.1.2 Das Konzept der Salutogenese

Der Begriff **Salutogenese** stammt vom Medizinsoziologen **Aaron Antonovsky**, der sich in seinen Forschungen mit der Entstehung von Gesundheit befasst (vgl. Krause & Lorenz, 2011, S. 21).

Er geht den folgenden Fragen nach:

- Was hält einen Menschen gesund?
- Wie gelingt es manchen Menschen, trotz gesundheitlicher Risiken nicht krank zu werden?

Für Antonovsky ist die wichtigste Einflussgröße auf Gesundheit das sogenannte **Kohärenzgefühl,** ein überdauerndes **Gefühl des Vertrauens und der Stimmigkeit**, das auf folgenden drei Faktoren beruht:

- **Verstehbarkeit:** Anforderungen, die das Leben an den Menschen/das Kind stellt, sind strukturiert, vorhersagbar und erklärbar.
- **Bewältigbarkeit:** Herausforderungen werden als schaff- bzw. lösbar wahrgenommen. Ressourcen, auf die man zählen kann, sind vorhanden.
- **Bedeutsamkeit:** Es lohnt sich, Herausforderungen anzunehmen und zu bewältigen, sich dafür zu engagieren und Anstrengungen in Kauf zu nehmen, weil man den Sinn dahinter versteht (vgl. Krause & Lorenz, 2011, S. 98).

Das Kohärenzgefühl als Schutzfaktor in der Kita-Praxis

Verstehbarkeit und Bewältigbarkeit finden sich auf **der Sachebene** wieder. Kinder müssen zuerst einmal verstehen, was los ist. Dabei sind sie auf das Wissen von Erwachsenen angewiesen. Diese Ebene ist aber hierarchisch, denn wir erklären den Kindern den Sachverhalt. Es gibt klare Informationen. Die Kinder müssen darauf vertrauen können, dass wir helfend zur Seite stehen, wenn sie gebraucht werden oder wenn Kinder noch nicht fähig sind, manches allein zu schaffen. Dadurch spüren und erkennen die Kinder, dass verschiedene Situationen bewältigbar sind.

Bedeutsamkeit spricht **die Sinnebene** an. Hier gibt es keine allgemeingültige Antwort. Die Bedeutsamkeit und Sinnhaftigkeit muss jeder Einzelne für sich selbst finden. Auf der Sinnebene agieren alle Beteiligten, Erwachsene und Kinder, gleichwürdig.

BUCHEMPFEHLUNGEN

Eckhard Schiffer
Wie Gesundheit entsteht. Salutogenese – Schatzsuche statt Fehlerfahndung.
Beltz Verlag, 2013
ISBN: 978-3-407-85979-2

Ed Young
7 blinde Mäuse
Beltz Verlag, 2007
ISBN: 978-3-407-76054-8

5.2 Selbstkonzept

Jeder Mensch/jedes Kind trägt eine persönliche Vorstellung, ein Bild über sich selbst, in sich. Es sind die Fähigkeiten und Eigenschaften, die wir uns selbst zuschreiben. Geprägt ist unser Selbstbild durch die Vergangenheit, unsere eigene Erziehung, unsere Werte und Bedürfnisse sowie auch durch die Meinungen anderer über uns. Das Selbstkonzept erschließt sich aus der Selbstwirksamkeit, dem Selbstvertrauen und dem Selbstwert.

Die folgenden Fragen unterstützen dabei, dem eigenen Selbstkonzept auf die Spur zu kommen.

- Wie nehme ich mich selbst wahr?
- Welches sind meine persönlichen Eigenschaften, meine Vorlieben, Gefühle, Fähigkeiten?
- Was macht mich aus?

Wie entwickeln Kinder ein stabiles Selbstkonzept?
Das Selbstkonzept entwickelt, verändert und erweitert sich ständig auf Grundlage der Erfahrungen, die ein Kind in der Konfrontation und in der Beschäftigung mit der sozialen und materiellen Umwelt macht.

Das Kind macht sich ein Bild über sich selbst ...

- indem es Informationen seiner Umwelt über das Sinnessystem aufnimmt und verarbeitet.
- indem es Erfahrungen zur Wirksamkeit des eigenen Verhaltens macht.
- indem es sich mit anderen vergleicht und misst.
- indem ihm Eigenschaften von anderen zugesprochen werden.

Ein positives Selbstkonzept bietet Sicherheit im Leben. Das Kind ist sich seiner Stärken bewusst, traut sich etwas zu, bewältigt Anforderungen und gibt bei Frustration nicht gleich auf. Das Selbstkonzept leitet das Kind in seinen Handlungen und Denkweisen.

Ein Kind, das Unterstützung bei seinem Handeln erfährt, das Neues ausprobieren kann, auch wenn nicht alles gleich gelingt, wird sich in Zukunft auf Neues einlassen. Werden seine Gefühle und Empfindungen ernst genommen, wird das Kind diesen trauen und sie ausleben.

Ein Kind, das negative oder gar keine Rückmeldungen bekommt, baut ein unsicheres Bild von sich selbst auf, wird Herausforderungen umgehen und Neues in Zukunft vermeiden. Es unterschätzt sich und traut sich wenig zu. Dadurch macht es kaum positive Erfahrungen und erlebt keine Erfolge. Dies führt zu Rückzugs- und Vermeidungsverhalten.

Unterlassen wir Bemerkungen, wie „Ein Junge weint nicht" oder „Das tut doch gar nicht weh!". Das Kind fühlt in diesem Moment einen Schmerz und wird durch die Äußerungen und Tröstungsversuche verunsichert.

Besonders körperliche Erfahrungen sind wichtig für die Entwicklung des kindlichen Selbstkonzeptes. **Psychomotorische Spiele** sind hierfür äußerst geeignet. Sich mit Freude und Geschick angstfrei zu bewegen, ist die Grundlage für eine seelische, geistige und positive Entwicklung eines jeden Kindes. Bewegung und die Auseinandersetzung mit den eigenen Fähigkeiten und Fertigkeiten helfen, eigenen Ängsten und Hemmungen entgegenzuwirken, und führen zur Stabilisierung und Harmonisierung der Persönlichkeit.

KINDER STÄRKEN UND BEGLEITEN – SPIELIMPULSE

Storchen-Mahlzeit

Material: keines

Organisationsform: freie Aufstellung im Freien

Ein Kind ist der hungrige Storch, alle anderen Kinder sind die quakenden Frösche. Der Storch stolziert mit hochgezogenen Beinen über die Wiese (das Spielfeld). Seine Arme sind der Storchenschnabel. Sie sind nach vorn ausgestreckt, die Handflächen klatschen aufeinander. Die Frösche springen in Froschsprüngen auf der Wiese herum. Plötzlich ruft der Storch: *Mahlzeit! Mahlzeit!* Der Storch versucht, einen Frosch mit seinem langen Schnabel zu berühren. Wer „gefressen" wird, wird zu einem weiteren Storch (Spielidee: vgl. Klink, 2011, S. 10).

Die Zauberkiste

Material: 1 Handtrommel

Organisationsform: freie Aufstellung im Raum

Die Spielleitung steht in der Mitte des Raumes und trommelt verschiedene Rhythmen auf der Handtrommel. Die Kinder bewegen sich dazu. Die Trommel stoppt. Die Spielleitung ruft: *Hokuspokus Zauberkiste! – Aus meiner Zauberkiste kommen nun viele Schlangen (Autos, Löwen, Flugzeuge usw.).*

Die Kinder verwandeln sich in Schlangen (Autos, Löwen, Flugzeuge usw.) und schlängeln sich über den Boden. Wenn die Spielleitung *Hokuspokus Zauberkiste!* ruft, bücken sich die Kinder blitzschnell, als wären sie eine Kiste. Nun spricht die Spielleitung erneut den Zauberspruch und verwandelt die Kinder in weitere Besonderheiten.

Komm mit, lauf weg!

Material: keines

Organisationsform: Stehkreis

Ein Kind läuft um den Kreis herum. Beim Vorbeilaufen berührt es ein anderes Kind am Rücken und ruft entweder: *Komm mit!* oder *Lauf weg!*. Das berührte Kind führt den Befehl sofort aus: Es rennt dem anderen Kind hinterher oder läuft in die andere Richtung. Beide versuchen, den freien Platz im Kreis zu erreichen. Das Kind, das den freien Platz nicht erreicht hat, läuft im nächsten Spiel um den Kreis und berührt ein neues Kind (Spielidee: vgl. Klink, 2011, S. 69).

BUCHEMPFEHLUNGEN

Philipp Waechter
ich
Beltz Verlag, 2004
ISBN: 978-3-4077-9873-2

Karl Newson, Kate Hindley
Ich bin fast genau wie du
Thienemann-Esslinger Verlag, 2020
ISBN: 978-3-5224-5922-8

5.2.1 Selbstwirksamkeit

Der Begriff **Selbstwirksamkeit** wurde durch den Psychologen **Albert Bandura** (*1925) geprägt. Der Wissenschaftler beschäftigt sich mit Lernprinzipien, die im Zusammenhang mit sozialen Interaktionen stehen. Der Mensch kann selbst wirksam werden. Damit wird beschrieben, dass wir **aus eigener Kraft und Überzeugung**, aufgrund eigener Fähigkeiten, ein bestimmtes Ziel erreichen und etwas bewirken können (vgl. Gerrig & Zimbardo, 2008, S. 528).

Das Bewusstsein der Selbstwirksamkeit ist eine **innere Ressource.** Selbstwirksamkeit entsteht durch **eigene positive Erfahrungen**, dass Anstrengungen und Herausforderungen bewältigt werden können. Auch die Beobachtung des Verhaltens von Personen, denen wir ähnlich sind, die eine Aufgabe durch eigene Anstrengung bewältigen, steigert die Selbstwirksamkeit. Ermutigende

Worte, Gesten und Zuspruch stärken das Vertrauen in die eigenen Fähigkeiten. Positive Gefühle und Begeisterung für eine Sache treiben uns ebenfalls an.

„Traue ich mich, auf den umgesägten Baumstamm hochzuklettern und zu balancieren, oder lasse ich das besser?" – Wie das Kind nun reagiert, hängt stark von dem Bild ab, das es von sich selbst in sich trägt:

- Es kann sich für **stark** halten und seinen Fähigkeiten vertrauen.
- Es kann **verunsichert** sein und bei Herausforderungen und Schwierigkeiten schnell aufgeben.

Selbstwirksamkeit beeinflusst das Denken, Fühlen und Handeln. Sie stärkt die **Motivation und Willenskraft** und fördert **Ausdauer, Anstrengung und Leistung**. Diese Wirksamkeit bezieht sich einerseits auf die Handlung selbst, andererseits auf das angestrebte und erwünschte Ergebnis bzw. Ziel. Wir wollen etwas erreichen, darum ist es entscheidend, dass unsere Selbstwirksamkeit bewusst wahrgenommen wird und wir an uns und unsere Fähigkeiten glauben.

Ein selbstwirksames Kind sieht schwierige Aufgaben als Herausforderungen, die überwunden werden können. Hier ist die Erwartungshaltung des Kindes hoch, die Aufgabe zu schaffen. Das Kind wird all seine Möglichkeiten und Kompetenzen nutzen und dadurch die Aufgabe erfolgreich bewältigen.

Das Konzept der Selbstwirksamkeit

- Es gibt eine Herausforderung, ein Hindernis.
- Ich bin überzeugt: Ich kann das!
- Ich mache die Erfahrung: Es geht!
- Meine Selbstwirksamkeit ist gestärkt.

Jedes Kind muss verschiedenste Transitionen (Übergänge) in der frühen Kindheit bewältigen. Hier ist es zentral, dass das Kind von der eigenen Wirksamkeit in Bezug auf neue Rollen und Anforderungen (vom Kita-Kind zum Schulkind) überzeugt ist.

In der Kita ist es wesentlich, den Kindern möglichst viel Spielraum zu geben, in dem sie selbst agieren, experimentieren und ausprobieren können. Die Kinder nehmen aktiv am Tagesgeschehen teil und entscheiden diesen mit. Zudem erfahren sie die Konsequenzen ihres Tuns. Lassen wir die Kinder nach eigenen Wegen und selbstständigen Lösungen suchen. Vertrauen wir der Selbsteinschätzung der Kinder und fördern wir ihre Selbstständigkeit. Regen wir Kinder zum autonomen Handeln an. Wenn Kinder spüren, dass sie am Alltag mitentscheiden und mitbestimmen können, erfahren sie Selbstwirksamkeit. Geben wir den Kindern Aufgaben, bei denen sie die Gelegenheit haben, ihre besonderen Fähigkeiten anzuwenden und zu zeigen. Ermutigen wir Kinder in ihren Handlungen.

KINDER STÄRKEN UND BEGLEITEN – SPIELIMPULSE

Trommelruf „Ich bin ich"

Material: 1 Handtrommel, 1 Cajon oder 1 großer Küchentopf

Organisationsform: stehend in einer Reihe hinter einer Trommel

Jeweils ein Kind kommt zur Trommel, ruft laut seinen Namen und *Ich bin ich!*. Dann schlägt das Kind mehrmals kräftig auf die Trommel und stellt sich wieder hinten an. Das nächste Kind ist dran.

Die Attraktion

Material: keines

Organisationsform: Kleingruppen

Jede Gruppe überlegt sich eine besondere Attraktion, die an diesem Tag oder in dieser Woche geschehen ist. Dieses Ereignis werden sie den anderen Gruppen als kleines Theaterstück vorführen. Die anderen Gruppen raten, um welches Ereignis es sich handeln könnte. Dann stellen sie selbst auch ihre Attraktionen vor (Spielidee: vgl. Orlick, 2007, S. 36).

BUCHEMPFEHLUNGEN

Stefan Gemmel, Marie-José Sacré
Du bist richtig, wie du bist
Carl Auer Verlag, 2016
ISBN: 978-3-8497-0149-9

Agnès de Lestrade, Valeria Docampo
Die große Wörterfabrik
Mixtvision Verlag, 2012
ISBN: 978-3-9394-3556-3

Chisato Tashiro
Fünf freche Mäuse machen Musik
Minedition, 2020
ISBN: 978-3-8656-6367-2

5.2.2 Selbstvertrauen

Das Kind vertraut in seine **eigenen Fähigkeiten und Fertigkeiten**. Es kann etwas und macht etwas daraus. Es kann seine eigenen Möglichkeiten ausschöpfen. Hierbei geht es um das **eigene Tun und Handeln**, um das **eigene Können**. Um das, was das Kind mit Worten und Taten umsetzen kann (gehen, springen, malen, bauen, schreiben, singen, tanzen usw.).

Vertrauen ist kein Gefühl wie Wut, Trauer, Freude etc. Es ist ein Zustand, an dem alle Sinne beteiligt sind. Das Kind empfindet **Sicherheit**. Selbstvertrauen entwickelt sich mit der Zeit und im Austausch mit anderen Personen sowie der dinglichen Umwelt. Die Qualität der Beziehung zu Eltern, anderen Kindern oder der pädagogischen Fachkraft prägt das Selbstvertrauen. Wertschätzung und Interesse am Kind beeinflussen die Entwicklung eines gesunden Selbstvertrauens positiv.

BUCHEMPFEHLUNGEN

Daniela Klingler, Lisa Klingler
Antonia, du schaffst das!
Eigenverlag, 2019 (bestellbar über die Website klinglerei.at)
ISBN: 978-3-2000-6054-8

Martin Fuchs, Hildegard Müller
Nein heißt Nein, sagt die Maus
Annette Betz Verlag, 2020
ISBN: 978-3-2191-1806-3

5.2.3 Selbstwert

Der Selbstwert beeinflusst das **gesamte Verhalten einer Person**, das **psychische Wohlbefinden** und die **allgemeine Lebenszufriedenheit**. Er ergibt sich aus der dritten Grundmotivation der Existenzanalyse.

Es geht um das Erleben und Erkennen, wertvoll zu sein.

Der Mensch besitzt ein subjektives Gefühl des Wertes der eigenen Person, basierend auf der Selbst- und Fremdeinschätzung und genährt durch Wertschätzung durch andere. Er schreibt seiner eigenen Person einen bestimmten rationalen und emotionalen Wert zu.

Diese Zuschreibung beinhaltet vor allem folgende Fragen:

- Was zeichnet mich auf Dauer aus?
- Was sind meine Stärken?
- Welches sind meine Wesenspunkte?
- Lebe ich das, was mir für mein Leben wichtig ist?

(Vgl. Waibel, 2017, S. 265.)

Quellen des Selbstwerts

Jeder Mensch ist einzigartig. Der Selbstwert ist nicht angeboren, sondern entwickelt sich in der Auseinandersetzung mit sich selbst, seinem Leben, mit anderen und mit der Umwelt. Daraus resultiert das Verständnis, dass der Mensch sich selbst sieht, wahr- und annimmt und durch andere gesehen wird.

Selbstwert weist auf einen **ich-starken Menschen** hin, der sein eigenes Leben aktiv lebt und Werte verwirklicht, die für ihn wertvoll sind. Er steht zu seinem Tun. Dadurch wächst er in sich selbst. Der Mensch ist aktiv an seiner Lebensgestaltung beteiligt, vertraut auf seine Stärken, setzt eigene Werte um und steigert damit seine allgemeine Lebenszufriedenheit. Veränderungen sind überwindbar und Ideen realisierbar. Hierbei handelt es sich um personale Werte, die Herzklopfen verursachen, bei denen man in Bewegung kommt. All das stärkt den Selbstwert (vgl. Waibel, 2017, S. 265-268).

Virginia Satir, eine US-amerikanische Psychotherapeutin, sieht die Stärkung des Selbstwerts in einem systemischen Zusammenhang. Selbstwert wächst, wenn in der Familie offensichtlich Liebe und eine gute Kommunikation herrschen, Selbstverantwortung gestärkt, die Verschiedenartigkeit bzw. Einzigartigkeit der Familienmitglieder anerkannt wird, Regeln reflektiert werden und eine positive Fehlerkultur gelebt wird (vgl. Satir, 1990, S. 48).

ACHTUNG: SPRACHE WIRKT.

Achten wir auf sprachliche Formulierungen, denn durch den sorglosen Umgang mit unserer Alltagssprache werden Kinder in ihrem Selbstwert verletzt. Vermeiden wir Sätze wie:

„**Du** bist echt nicht zum Aushalten!"

Sagen Sie stattdessen:

„**Dein Verhalten** ärgert/kränkt mich."

Selbstwert wächst im Zustand der Gleichwürdigkeit. Der zwischenmenschliche Austausch ist die Basis, um Kinder stark zu machen. Gleichwürdigkeit empfinden Sie und das Kind, wenn sich beide als wertvolle Mitglieder einer Gemeinschaft fühlen. Sie und das Kind sind in der Gemeinschaft autonom, die Verschiedenheiten werden anerkannt. Sie beide haben besondere Eigenschaften, Erfahrungen und Bedürfnisse. Es erwächst ein Gemeinschaftsgefühl, das von Vertrauen, Respekt und Wertschätzung geprägt ist (vgl. Svarre, 2013, S. 79–81).

5.2.4 Selbstwert vs. Selbstvertrauen

Grundsätzlich sind Selbstwert und Selbstvertrauen unterschiedlich zu verstehen:

- **Selbstwert** bildet das mentale Fundament unseres Lebens und gibt zu erkennen, dass wir **wertvoll** sind. Es geht um **unser eigenes Sein**, um die Anerkennung meiner eigenen Eigenschaften. Ich bin ein **wertvoller Mensch, ich habe wertvolle Eigenschaften.**

- **Selbstvertrauen** ist das Vertrauen in die **eigenen Fähigkeiten**. Hierbei geht es um das eigene Tun und Handeln, um mein Können. Ich vertraue auf das, was ich kann. **Ich habe Vertrauen in meine Fähigkeiten** (Svarre, 2013, S. 13 f.).

Selbstwert und Selbstvertrauen entwickeln sich im Laufe unseres Lebens und immer im gemeinsamen Miteinander. Zwischenmenschliche Beziehungen sind für die Entwicklung und Entfaltung von Selbstwert und Selbstvertrauen grundlegend. Daraus resultiert auch, dass sich Menschen ständig mit anderen vergleichen. Vergleiche, Bewertungen Beurteilungen können schlecht für den Selbstwert sein.

Selbstwert und Selbstvertrauen ergänzen einander. Ein Kind mit fundiertem Selbstwert, das davon überzeugt ist, einzigartig und wertvoll zu sein, das sich geliebt und als Mensch geschätzt fühlt, seine Eigenschaften und Potenziale akzeptiert und anerkennt, wird mit großer Wahrscheinlichkeit Vertrauen in seine Fähigkeiten entwickeln.

Selbstwert und Selbstvertrauen bilden ein harmonisches Band!

Selbstwert auf den Punkt gebracht:

- Ich erlebe und erkenne mich als wertvoll.
- Mein Sein auf dieser Welt steht im Vordergrund.
- Ich erkenne meine eigenen Eigenschaften an.
- Ich mag mich.
- Ich bin wertvoll, weil es mich gibt.
- Der Selbstwert wird gestärkt durch Ermutigung, durch authentische Bewertung der Eigenschaften.

Selbstvertrauen auf den Punkt gebracht:

- Mein Tun und Handeln stehen im Vordergrund.
- Ich schöpfe meine eigenen Möglichkeiten aus.
- Ich kann besonders gut …
- Ich werde von anderen gebraucht, weil ich … gut kann.
- Selbstvertrauen wird gestärkt durch positive Bewertung der Fähigkeiten (vgl. Swarre, 2013, S. 26).

BUCHEMPFEHLUNGEN

Rachel Bright, Jim Field
Trau dich, Koalabär
Magellan Verlag, 2017
ISBN: 978-3-7348-2028-1

Heidi Leenen, Lisa Hänsch, Ramona Wultschner
Emma: Ohne dich wär' die Welt nur halb so schön!
(Buch inkl. CD)
Kampenwand Verlag, 2018
ISBN: 978-3-9644-3451-7

6 Beachtenswertes zum Abschluss

Wir haben uns nun intensiv mit werte- und sinnorientierter Pädagogik auseinandergesetzt. Zum Abschluss beschäftigen wir uns noch mit zwei besonderen Werten, die den Schlüssel zur Zufriedenheit im Beruf und auch privat darstellen: der **Wert der Gelassenheit** und der **Wert des Glücks**. Dieses abschließende Kapitel widme ich noch einmal speziell allen pädagogischen Fachkräften, die tagtäglich mit **viel Herz** und **Engagement** liebevoll unsere Kinder in ihr Leben begleiten.

6.1 Gelassenheit

Gelassenheit in stressigen, herausfordernden Situationen zu zeigen, ist eine Kunst, die gelernt werden kann.

Was bedeutet Gelassenheit? Gelassenheit ist die Fähigkeit des Menschen, auch in schwierigen Situationen **Fassung und Ruhe** zu bewahren. Im **inneren Gleichgewicht** zu stehen, bedeutet, **Gefühle der Zufriedenheit und des Glücks** zu verspüren. Menschen, die Gelassenheit und somit **innere Ruhe** bei sich selbst zulassen können, sehen zuversichtlich in die Zukunft, zeigen sich öfter dankbar, strahlen Energie aus, lassen sich nicht leicht unterkriegen und sind glücklich in dem, was sie tun. Gelassenheit steigert sozusagen die Lebensqualität.

Doch nicht immer ist es leicht, Gelassenheit zu zeigen. Es gibt so Tage, da könnten wir sprichwörtlich „aus der Haut fahren"! Am Morgen geschieht schon ein unvorhergesehenes Ereignis, das unseren Zeitplan durcheinanderwirft. Und dann folgen laufend Dinge und Situationen, die uns unter Druck und Stress setzen. Es ist eine winzige Kleinigkeit, die das Fass zum Überlaufen bringt und bewirkt, dass wir unsere Fassung verlieren. Jede/jeder von uns reagiert darauf unterschiedlich. Die einen brüllen, sind zornig, stampfen vielleicht sogar in den Boden, die anderen jammern oder beginnen zu weinen. Wir verfallen in ein stressbedingtes Verhaltensmuster, denn wir wollen die Situation abwehren. Das Gehirn schaltet auf Alarm.

Wie kann überhaupt so viel Anspannung aufgebaut werden? Grund dafür ist unsere **gedankliche Grundhaltung**, die Bewertung der Ereignisse, die passiert sind. Negative Beurteilungen der einzelnen Situationen verursachen immer noch mehr Ärger und /oder Angst. Wir bauen innerlich Druck auf, unsere persönliche Ordnung und Stabilität gerät aus der Balance (vgl. Nürnberger, 2015, S. 12/13). In diesem Moment haben wir uns selbst nicht mehr im Griff, wir agieren nicht so, wie wir wollen, sondern wir re-agieren, das heißt, ein Reiz löst unsere willkürliche Reaktion aus (vgl. Nürnberger, 2015, S. 14).

Wie können wir für mehr Gelassenheit an uns arbeiten? Gelassenheit spielt sich im Kopf ab:

- Hören wir auf, uns mit anderen zu vergleichen und in Konkurrenz zu treten. Das ständige Vergleichen verursacht Spannung und Druck. Wir sind wir und wir sind einzigartig und einmalig! Das Geistige im Menschen macht uns aus.
- Akzeptieren wir Situationen, die wir nicht ändern können. Es ist, wie es ist!
- Vermeiden wir, uns zu fragen, was wäre gewesen, wenn …
- Versuchen wir, kreative Lösungsansätze zu finden.
- Machen wir das Beste aus der Situation.
- Vielleicht erkennen wir auch Positives und Vorteile an dem, was geschehen ist.
- Arbeiten wir an der Frage: Was können wir in der aktuellen Lage tun, damit es besser oder anders wird?

Aus der **Resilienzforschung** wissen wir, dass wir uns auf **unsere Stärken und Strategien** fokussieren müssen, mit denen wir in der Vergangenheit bereits **positive Erfahrungen** machen konnten und die uns in kritischen Situationen geholfen haben. Wenn wir den Blick auf das Positive, auf die Kraft, die in uns steckt, werfen, lernen wir, Belastendes loszulassen.

Noch ein paar Tipps:

- Nicht *Sofort und Perfekt* leitet unser Handeln, sondern *Geduld und Gelassenheit.*
- Suchen wir uns einen Ausgleich, um dem Stress zu entkommen. Hierzu zählen Bewegung, Treffen mit Freunden, ein gutes Essen, also alles, was uns Freude und Spaß bereitet.
- Setzen wir Prioritäten und sagen wir auch einmal Nein!
- In Akutsituationen hilft, durchzuatmen, Wasser zu trinken, zu schweigen, zu lachen.

Wir erreichen Gelassenheit durch unser Wissen zu unserer Handlungsfähigkeit. Je mehr Möglichkeiten und Handlungsspielraum wir wahrnehmen, umso gelassener werden wir bleiben.

6.2 Glück

Glück ist, mit offenen Augen durch das Leben zu gehen und Begeisterung zu spüren.

Werte- und Sinnorientierung hilft uns bei der Suche nach dem Glück. Die Glücksforschung hat ihren Ursprung in der **Positiven Psychologie**, die der Frage nachgeht, was das Leben lebenswert macht und wie **psychisches Wohlbefinden** für alle Menschen unterstützt und aufrechterhalten werden kann. Das Ziel liegt, wie bei Viktor Frankls Theorien zur Existenzanalyse, darin, Sinn und Erfüllung im Leben zu finden, die eigenen Stärken und Potenziale zu erkennen und positive Gefühle zu erleben. Einer ihrer wichtigsten Vertreter der Positiven Psychologie ist der US-Psychologe **Martin Seligman** (*1942). **Positive Psychologie setzt beim Wohlbefinden und Glückserleben des Menschen an** (vgl. Blickhan, 2018, S. 23/24).

Was genau ist Glück?

Glück wird als **subjektives Wohlbefinden** definiert, das einerseits immer im Zusammenhang mit unseren **Emotionen**, andererseits mit der kognitiven Komponente **der Lebenszufriedenheit**, steht (vgl. Blickhan, 2018, S. 29/30).

Wir sprechen vom **Wohlfühlglück** und vom **Werteglück**:

- **Wohlfühlglück**: Wir tun etwas, das uns erfüllt und Spaß macht, das uns wohltut. Momente des Wohlfühlglücks sind z. B. ein Abendessen in der Gartenlaube, ein entspannendes Bad, eine Yogaeinheit, ein gemeinsames Brettspiel mit allen Familienmitgliedern. Das Wohlfühlglück kann eine Momentaufnahme sein.
- **Werteglück:** Wir erreichen persönliche Erfüllung und Zufriedenheit, indem wir das machen, was uns persönlich wichtig ist, was wir für wertvoll erachten. Dazu gehören z. B. auch Gesundheit und Vitalität. Das Werteglück kann uns ein Leben lang erfüllen (vgl. Blickhan, 2018, S. 32/33).

Wir können bewusst über unser Glück nachdenken und unser Glück reflektieren:

- Welche Dinge, Ereignisse, Aktivitäten in unserem Leben bringen uns Wohlfühlglück?
- Was steht für unser Werteglück?
- Wie lange hält das Glücksgefühl jeweils an?

Schlüsselfaktoren, die zum individuellen Glück beitragen, sind:

- Selbstakzeptanz
- Positive Beziehungen
- Autonomie und Engagement
- Selbstwirksamkeit und damit verbundene Erfolgserlebnisse
- Sinnerleben und Optimismus
- Persönliches Wachstum und Offenheit für Neues (vgl. Hausler, 2019, S. 79)

Glücksaspekte für unsere pädagogische Praxis, die ich uns allen wünsche, sind ...

- positive Gefühle wie Freude und Dankbarkeit erleben.
- Begeisterung spüren.
- Humor zeigen und viel lachen können.
- uns unserer Stärken bewusst sein.
- Sinn in unserer Arbeit erkennen.
- selbstbestimmt handeln und entscheiden können.
- offen für neue Erfahrungen sein.
- schöne Erlebnisse mit anderen teilen.
- stolz sein auf das, was wir tun, und auf das, was wir erreicht haben.

Zeigen wir Kindern, dass es wesentlich ist, das Leben mit Zustimmung und Zufriedenheit zu leben. Gehen wir mit Leidenschaft unserer beruflichen Tätigkeit nach. So wird sowohl Wohlfühlglück als auch Werteglück unser Leben bereichern.

Und vergessen wir nicht: **Der wertvollste Moment in unser aller Leben ist das Jetzt!**

7 Literaturverzeichnis

Spielideen

Erkert, A. (2013): Die 50 besten Spiele zum Abbau von Aggressivität. München: Don Bosco Medien GmbH.

Grießmair, B. (2014): Streiten, aber fair! Gruppenspiele zur Konfliktlösung in der Kita. In: Fachzeitschrift klein & groß. 2/2014, S 40–41.

Klink, G. (2011): 166 Spiele zur Psychomotorik. Gezielte Bewegungsangebote für den Anfangsunterricht. Buxtehude: Persen Verlag.

Krammer, I. (o. J.): Der wütende Charly. In: Kigaportal. Link: https://www.kigaportal.com/ng/ng6/de/kindergarten-ideen/soziales/gefuehle-zeigen/import133 [abgerufen am: 19.06.2020]

Langlotz, C., Bingel, B. (2008): Kinder lieben Rituale. Kinder im Alltag mit Ritualen unterstützen und begleiten. Münster: Ökotopia Verlag.

Mittelberger, M., Kathan, C., Mittelberger, L., Scheyer, D. (2018): Gemeinsam stark werden. Das Lebenskompetenzprogramm für die Volksschule. Götzis: Weitblick GmbH.

Orlick, T. (2007): Zusammen spielen – nicht gegeneinander! Mülheim an der Ruhr: Verlag an der Ruhr.

Portmann, R. (2011): Die 50 besten Spiele für mehr Selbstvertrauen. München: Don Bosco Medien GmbH.

Portmann, R. (2013): Die 50 besten Spiele für mehr Sozialkompetenz. München: Don Bosco Medien GmbH.

Portmann, R. (2013): Die 50 besten Spiele zu den Kinderrechten. München: Don Bosco Medien GmbH.

Scheer, B., Gulden, E. (2007): Musikstoppspiele. Bewegungsspaß in Kita und Schule. München: Don Bosco Verlag.

Stamer-Brandt, P. (2015): Wut-weg-Spiele für Kita, Hort und Schule. Aggressionen abbauen – Entspannung finden. Freiburg im Breisgau: Herder Verlag.

Veiter, C. (o. J.): Gute Laune Luft: ein Spiel für den Morgenkreis. Kigaportal, Link: https://www.kigaportal.com/ng/ng6/de/kindergarten-ideen/soziales/morgenkreis/gute-laune-luft-ein-spiel-fuer-den-morgenkreis [abgerufen am 19.06.2020]

Weitzer, K. (2015): 100 Spiele für ein gutes Miteinander. Sozial-emotionale Kompetenzen in der Krippe fördern. Mülheim an der Ruhr: Verlag an der Ruhr.

Theorie

Almenzadeh, M. (2020): Marjan Alemzadeh. Link: http://www.alemzadeh.de/wahrnehmendes-beobachten [abgerufen am: 28.08.2020]

Averhoff, C.; Herkommer, L.; Jeannot, G.; Strodtmann, D.; Weiß, E. (2010): Pädagogisches Handeln professionalisieren. Hamburg: Handwerk und Technik.

Blickhan, D. (2018): Positive Psychologie. Ein Handbuch für die Praxis (2. Ausg.). Paderborn: Junfermann Verlag.

Dudenredaktion (Hrsg.) (2015): Duden Deutsches Universalwörterbuch, 8. Aufl., Berlin: Dudenverlag.

Dudenredaktion (Hrsg.) (2019): Duden – Die deutsche Rechtschreibung, 2. Aufl., Berlin: Dudenverlag.

Frankl, V. (2005): Der leidende Mensch. Anthropologische Grundlagen der Psychotherapie (3. Aufl.). Bern: Huber Verlag.

Frick, J. (2019): Die Kraft der Ermutigung (3. Aufl.). Bern: Hogrefe AG.

Gerrig, R., & Zimbardo, P. (2008): Psychologie (18. Ausg.). Hallbergmoos: Pearson Deutschland GmbH.

Gertwig, K. (2016): Schatzsuche bei Kindern. Das Verstehen als besondere Kunst, die Einzigartigkeit eines jeden Kindes zu entdecken. DVD, Kaufungen: AV1 Pädagogikfilme.

Hausler, M. (2019): Glückliche Kängurus springen höher. Impulse aus Glücksforschung und Positiver Psychologie. Paderborn: Junfermann Verlag.

Heller, J. (2013): Resilienz. 7 Schlüssel für mehr innere Stärke. München: Gräfe und Unzer Verlag.

Hennings, B. (2014): Ermutigung und Anerkennung. Der Erziehungskompass nach Rudolf Dreikurs. Freiburg im Breisgau: Herder GmbH.

Juul, J. (2019): 4 Werte, die Kinder ein Leben lang tragen. (5. Aufl.) München: Gräfe und Unzer Verlag.

Krause, C., Lorenz, R.-F. (2011): Was Kindern Halt gibt. Salutogenese in der Erziehung. Göttingen: Vanderhoeck & Ruprecht Verlag.

Krenz, A. (2007): Psychologie für Erzieherinnen und Erzieher. Grundlagen für die Praxis. Berlin: Cornelsen Verlag.

Längle, A. (2002): Die Grundmotivationen menschlicher Existenz als Wirkstruktur existenzanalytischer Psychotherapie. Link: https://www.xn--lngle-gra.info/downloads/GM%20Fundamenta%202002%20gescannt.pdf [abgerufen am 12.08.2020]

Längle, A. (2014): Lehrbuch zur Existenzanlyse. Grundlagen. Wien: Facultas Universitätsverlag.

Längle, A., Bürgi, D. (2014): Existentielles Coaching. Theoretische Orientierung, Grundlagen und Praxis für Coaching, Organisationsberatung und Supervision. Wien: Universitätsverlag.

Lueger, G., Krämer, J. (2016): Potenzialfokussierte Pädagogik im Kindergarten und Hort. Wien: Dr. Lueger-Institut für Potenzialfokussierte Pädagogik.

Nürnberger, E. (2015): Gelassenheit lernen (3. Ausg.). Freiburg: Haufe Verlag.

Rogers, C. (2010): Therapeut und Klient. Grundlagen der Gesprächspsychotherapie. Frankfurt am Main: Fischer Verlag.

Satir, V. (1990): Kommunikation, Selbstwert, Kongruenz. Paderborn: Junfermann Verlag.

Svarre, D. (2013): Du bist einzigartig. Starker Selbstwert – starkes Kind. Weinheim und Basel: Beltz Verlag.

Vorholz, H. (2017): Was bedeutet Offene Arbeit für alle Beteiligten? Offene Arbeit in Theorie und Praxis. In: kindergarten heute. wissen kompakt.

Waibel, E. M. (2018): Inneres Wachstum durch personale Begegnung. Impulse Existenzieller Pädagogik.Link: https://www.existenzanalyse.net/wp-content/uploads/EA_2_2018_Waibel.pdf [abgerufen am 01.06.2020]

Waibel, E. M. (2017): Erziehung zum Sinn – Sinn der Erziehung. Grundlagen einer Existentiellen Pädagogik. Weinheim/Basel: Beltz Juventa Verlag.

Waibel, E. M., Wurzrainer, A. (2016): Motivierte Kinder – authentische Lehrpersonen. Einblicke in den Existenziellen Unterricht. Weinheim/Basel: Beltz Juventa Verlag.

Die Autorin

Daniela Klingler, geb. 1967 in Innsbruck, Österreich, Mutter von 3 Kindern, studierte Erziehungs- und Bildungswissenschaft an der Universität Innsbruck, war langjährige Kindergarten- und Hortpädagogin. Sie lehrte an der Bildungsanstalt für Elementarpädagogik und ist derzeit Dozentin an der Pädagogischen Hochschule Tirol und Teamleiterin im Team Elementarpädagogik am Institut für Schulqualität und berufsbegleitende Professionalisierung der PH-Tirol. 2019 erschien ihr erstes Bilderbuch, „Antonia, du schaffst das!“, im Eigenverlag. Ihre vertieften Arbeitsthemen: Existenzielle Pädagogik, Werteorientierung und Wertebildung, Medienpädagogik – Schwerpunkt Bilderbuch.